能源管理师教材

主编　赵旭东

学习题库

XUEXI TIKU

中国质检出版社
中国标准出版社
北京

图书在版编目(CIP)数据

学习题库/赵旭东主编．—北京：
中国标准出版社,2013.4
(能源管理师教材/赵旭东主编)
ISBN 978-7-5066-7149-1

Ⅰ.①学… Ⅱ.①赵… Ⅲ.①能源管理—
技术培训—习题集 Ⅳ.①F206－44

中国版本图书馆 CIP 数据核字(2013)第 067169 号

中国质检出版社
中国标准出版社 出版发行

北京市朝阳区和平里西街甲 2 号(100013)
北京市西城区三里河北街 16 号(100045)

网址:www.spc.net.cn
总编室:(010)64275323 发行中心:(010)51780235
读者服务部:(010)68523946

中国标准出版社秦皇岛印刷厂印刷
各地新华书店经销

*

开本 787×1092 1/16 印张 13.75 字数 321 千字
2013 年 4 月第一版 2013 年 4 月第一次印刷

*

定价 40.00 元

《能源管理师教材》
编委会

《学习题库》编委会

序

能源与节能问题关乎生态文明建设和经济社会发展，关乎民生改善和国家安全。“十一五”以来，节能上升为基本国策，万元GDP能耗降低率上升为约束性指标，从中央到地方，采取了经济、技术、法律、行政等各种措施，大幅提高了节能技术水平、管理水平和节能意识，大幅降低了能源消耗。

山东是人口大省、经济大省和耗能大省。山东省委、省政府历来高度重视节能工作，坚决贯彻中央节能部署，把节能作为践行科学发展观的重要标志，作为转方式调结构的切入点，思想上坚定不移，工作上坚持不懈，节奏上均衡持续，不仅圆满完成国家下达的节能目标任务，而且勇于开拓，先行先试，不断开展节能制度创新、管理创新和技术创新，使全省节能工作始终保持全国领先水平。

以企业为载体，以能源管理师、能源管理体系、能源管理中心为主题的“三能”建设是山东省众多节能创新的一个方面。“三能”建设从人才、机制和管理平台三个层面形成节能合力，有效推动了企业节能工作全面提升。国家发改委、工信部在全国推广山东经验，“三能”建设已从地方实践上升为国家节能决策。

山东省以培养专业化、高水平、稳定的企业节能人才队伍为目标，全面开展了能源管理师制度研究、教材开发、培训考试等工作，目前已有5 849人取得能源管理师资格，在2 272家单位发挥作用。山东省编写的《能源管理师培训教材》，得到企业节能管理人员普遍欢迎和国家有关部门肯定，也为各省市节能主管部门、高等院校所认同。几年的教学考用实践又积累了很多经验，进一步深化了对能源管理师职责、能力要求和知识结构的认识。为总结能源管理师制度建设工作经验，吸收节能新成果，补充节能新知识，解读节能新法规、新政策，进一步完善教材知识结构，丰富教材内容，提升教材质量，山东省能源管理师研究团队对教材进行了修订，并更名为《能源管理师教材》，以适应能源管理师培训和其他读者的需求。

《能源管理师教材》交付出版之际，正值全国上下学习贯彻党的十八大精神，大力推进生态文明建设。党的十八大要求“把生态文明建设放在突出地位，融入经济建设、政治建设、文化建设、社会建设各方面和全过程，努力建设美丽中国，实现中华民族永续发展。”希望我省节能主管部门和节能监察机构以党的十八大精神和科学发展观为指导，不断总结工作经验，加快推进能源管理师培训考试工作，扩大能源管理师队伍，实现“十二五”培养1万名能源管理师的目标。能源管理师是企业能源管理的主力军和突击队，希望能源管理师深刻认识自己肩负的责任，认真履行职责，扎实推进企业节能工作。希望山东省经信委和山东省政府节能办公室以及能源管理师工作团队，虚心学习国内外先进经验，不断创新，努力打造能源管理师山东品牌，为全国能源管理师工作做出贡献。

中共山东省委副书记 

2013年2月26日

前　言

2010年7月，我国第一套能源管理师培训考试专用书——《能源管理师培训教材》由中国标准出版社正式出版。这套教材是山东省能源管理师制度研究和试点工作的重要成果。2010年至2012年，山东省使用这套教材培训节能管理人员7 000余人，其中5 849人经过严格考试取得能源管理师资格，在2 272家用能单位履行职责，发挥作用。

实践表明，这套教材知识体系完整，有较强的知识性、政策性、实用性，符合培养综合性、复合型企业节能管理人才的要求，有助于提升企业节能管理人员能力，打造专业化、高水平、稳定的企业节能人才队伍，受到企业节能管理人员广泛欢迎，得到国家有关部门肯定，也得到许多省市节能主管部门以及高等院校的关注与认同。

为总结山东省能源管理师制度建设工作经验，吸收节能新成果，补充节能新知识，解读节能新法规、新政策，进一步丰富教材内容，提升教材质量，增强教材的科学性、系统性、综合性、实用性和创新性，帮助学员和读者尽快掌握教材的知识脉络和重点，巩固知识，我们从2012年6月开始，对《能源管理师培训教材》进行修订。

本次修订，保持了2010版《能源管理师培训教材》的基本框架和知识结构，修改内容主要包括以下几个方面：

1. 总结吸收山东省能源管理师制度建设试点工作经验和国内外节能管理的新理念、新方法。

2. 解读我国新出台的节能法规、政策和标准，补充节能新知识。

3. 力求理论知识更贴近实际需求，便于掌握和运用。

4. 努力做到概念准确、逻辑清晰、内容翔实和文字精炼。

5. 补编了《学习指导》和《学习题库》，进一步统筹教材、命题、考试的关系。

6. 更名为《能源管理师教材》，以满足能源管理师培训考试、大专院校能源管理等专业教学、各级节能管理部门工作人员以及其他节能爱好者的阅读需求。

修订后的《能源管理师教材》由三个科目以及学习指导和学习题库五部分内容组成，共九册，分别为：

- 能源与节能管理基础（上）
- 能源与节能管理基础（下）
- 节能技术（上）
- 节能技术（下）
- 节能法制与政策制度（上）
- 节能法制与政策制度（中）
- 节能法制与政策制度（下）
- 学习指导
- 学习题库

中共山东省委副书记王军民同志对能源管理师制度建设非常关心和重视，亲自为山东省首批能源管理师颁发资格证书，多次作出指示，要求打造能源管理师山东品牌；本套书修订出版之际，又在百忙中欣然作序，提出殷切希望。在此表示崇高敬意和衷心感谢！

本套书在修订过程中，得到了山东省经信委、山东省人民政府节能办公室的关心指导和山东省节能监察总队、山东节能协会、能源基金会、亚洲开发银行，以及修订人员所在单位的大力支持，在此表示衷心感谢！

由于能力和水平所限，书中难免会有疏漏之处。我们真诚地盼望所有使用本套教材的教师、学员以及阅读本套教材的人士给予批评指正。

编 者

2013 年 3 月 6 日

目　　录

第一部分　《能源与节能管理基础》学习题集

第一章　能源与能量 …… 1

第二章　能源概述 …… 3

第三章　节能概述 …… 5

第四章　热工基础知识 …… 7

第五章　电工基础知识 …… 16

第六章　燃料与燃烧 …… 25

第七章　管理概述 …… 27

第八章　基础管理 …… 29

第九章　能效管理 …… 35

第十章　监管制度 …… 43

第十一章　能源管理体系 …… 53

第十二章　国外节能政策与实践 …… 56

第十三章　合同能源管理 …… 56

第十四章　电力需求侧管理 …… 59

第十五章　节能自愿协议 …… 61

第十六章　节能产品认证 …… 63

第十七章　能源效率标识 …… 65

第十八章　清洁生产 …… 67

参考答案 …… 70

第二部分　《节能技术》学习题集

第一章　热能、电能利用节能技术 …… 87

第二章　新能源及可再生能源利用技术 …… 120

参考答案 …… 124

第三部分　《节能法制与政策制度》学习题集

第一章　法规与政策基础知识 …… 131
第二章　节能法律 …… 135
第三章　节能法规 …… 153
第四章　节能规章 …… 162
第五章　节能标准 …… 168
第六章　节能政策 …… 182
第七章　节能行政执法 …… 188
参考答案 …… 193

第一部分　《能源与节能管理基础》学习题集

本部分遵循“巩固知识，熟悉题型，理清做题思路，掌握解题方法”的原则，按照《能源管理师教材　能源与节能管理基础》的章节，分“单选题”“多选题”“判断题”“分析题”和“计算题”五种题型进行编写。本部分除第十二章“国外节能政策与实践”作为自学内容外，其他章均编写了习题。

第一章　能源与能量

一、单选题

1. 能源是指煤炭、石油、天然气、生物质能和电力、热力以及其他直接或者通过加工、转换而取得（　）的各种资源。

A. 电能　　B. 热能　　C. 能量　　D. 有用能

2. 按能源的基本形态分为一次能源和（　）。

A. 二次能源　　B. 常规能源　　C. 燃料型能源　　D. 可再生能源

3. 能量是物质运动的（　）。

A. 动量　　B. 形式　　C. 形态　　D. 度量

4. 与分子运动对应的能量形式是（　）。

A. 电能　　B. 热能　　C. 动能　　D. 化学能

5. 能量只能从一种形式转化为其他形式，或者从一个物体转移到另一个物体，在转化或转移的过程中，其总量（　）。

A. 增大　　B. 减少　　C. 不变　　D. 随条件变化

二、多选题

1. 能源的定义中特指的常规能源有（　）。

A. 煤炭　　B. 石油　　C. 电力　　D. 天然气

2. 能量的分类方法没有统一的标准，到目前为止，人类认识的能量有机械能、电能、核能（　）等六种。

A. 热能　　B. 太阳能　　C. 辐射能　　D. 化学能

3. 能量的特性包括（　）。

A. 状态性　　B. 可减性　　C. 转换性　　D. 贬值性

三、判断题

1. 能源具有两个重要的特征：一是可以被人类开发利用的自然资源；二是可以提供人类生产生活所必需的各种能量。 （ ）

2. 各种能量转换为机械功的本领是不一样的，转换程度也不相同。 （ ）

3. 常见的三种能量储存是辐射能、热能和电能的储存。 （ ）

四、分析题

给定材料：

能量传递的结果主要体现在两个方面：

（1）能量使用过程中所起的作用以及能量传递的最终去向。以生产为例，能量在使用过程的作用主要是用于物料并最终成为产品的一部分。

（2）用于某一过程，包括工艺过程、运输过程和动力过程，并成为过程的推动力，使过程能够进行、生产得以实现。

能量传递的最终去向通常只有两种：一是转移到产品，二是散失于环境，包括直接损失和用于过程后再进入环境这两种情况。

作答要求：

根据“给定材料”，转移到产品中的能量，在产品使用后其能量进入环境，能量传递的实质是什么？

要求：准确、完整、观点鲜明、字数不超过100字。

第二章　能 源 概 述

一、单选题

1. 对消费国而言，能源安全是（　）安全。

A. 供应　　B. 运输　　C. 需求　　D. 消费

2. 能源安全是保障国家安全的基石，是国家安全的（　）内容。

A. 基本　　B. 关键　　C. 重要　　D. 核心

3. 能源是国民经济发展的（　）。

A. 基本保证　　B. 战略物质　　C. 物质基础　　D. 根本要素

二、多选题

1. 能源与（　）被列为世界上的五大问题。

A. 人口　　B. 粮食　　C. 环境　　D. 资源

2. 能源安全的要求是（　）。

A. 多元化发展　　B. 符合低碳经济要求

C. 依赖进口　　D. 开放的能源市场

3. 能源对环境的污染主要表现在导致（　）等方面。

A. 酸雨　　B. 臭氧层破坏　　C. 热污染　　D. 温室效应

三、判断题

1. 能源是人类社会发展重要的物质基础。（　）

2. 我国的能源发展方针是“节约优先、立足国内、多元发展、保护环境、科技创新、深化改革、国际合作、改善民生”。（　）

3. 能源的可持续发展对国家可持续发展战略起着决定性的作用。（　）

4. 能源资源是自然资源中一般性的资源。（　）

四、分析题

给定材料：

在剧烈波动的能源价格和持续动荡的能源市场中，谁也无法独善其身。确保充足可靠、环境友好和基于市场机制的能源供应，已成为各个国家和地区须共同面对的挑战。作为世界第一大能源生产国，我国主要依靠自身力量发展能源，能源自给率始终保持在90%左右，先后建设了“西气东输”、“西电东送”等重大能源运输通道，建成了较为完善的能源运输体系和国家石油储备一期项目。我国能源的发展，不仅保障了国内经济社会发展，也为维护世界能源安全作出了重大贡献。

从国情出发，我国能源开发将坚持“煤为基础，多元发展”的战略方针，形成“煤炭为主体，电力为中心，油气、新能源全面发展”的能源结构，以实施《中华人民共和国可再生能源法》为契机，加大可再生能源的开发利用力度。

面对日益严峻的全球环境保护压力和化石能源的有限性，发展低碳能源将是确保能源使用安全的必由之路。在社会再生产全过程中应注重低碳或无碳能源供应和消费，促进经济社会清洁发展、绿色发展、可持续发展。

能源供应和价格对能源安全产生重大影响，政府干预和市场调节是能源安全的重要手段。政府干预在短期内可以保证能源供应，但长期看可能对能源安全产生不利影响。当今经济社会的发展需要符合市场经济规律，能源市场必须开放，逐渐与国际运作模式接轨，适应能源供应来源和技术多样化的要求，这是保证能源安全的关键。

作答要求：

根据“给定材料”，请分析归纳能源安全四个方面的要求。

要求：简单明了，字数不超过50字。

第三章　节 能 概 述

一、单选题

1. 节能是指加强用能管理，采取技术上可行、经济上合理以及可以承受的措施，减少从能源生产到消费各个环节的损失和浪费，更加（　）地利用能源。

A. 科学、规范　B. 有效、合理　C. 高效、合理　D. 科学、有效

2. 节约资源是我国的一项（　）。

A. 法律制度　B. 基本国策　C. 基本制度　D. 政治任务

3. 节能的四种方式是：（　）；降低能源消耗；通过技术进步提高能源利用率；通过调整经济结构实现节能。

A. 少使用能源　B. 不使用能源　C. 多使用能源　D. 节省使用能源

4. 开展节能工作的途径不包括（　）。

A. 管理节能　B. 技术节能　C. 系统节能　D. 结构节能

5. “十二五”节能工作的两个主要任务是调整优化产业结构和（　）。

A. 淘汰落后产能　B. 强化建筑节能　C. 加强工业节能　D. 推动能效水平提高

二、多选题

1. 节能的前提条件是（　）。

A. 加强用能管理　B. 技术上可行

C. 经济上合理　D. 环境和社会可以承受

2. 节能的环节包括（　）分配输送和终端消费各个环节。

A. 能源生产　B. 购入贮存　C. 对外销售　D. 加工转换

3. 国家规定控制室内空调温度为（　）。

A. 夏季不低于 22 ℃　B. 夏季不低于 26 ℃

C. 冬季不高于 20 ℃　D. 冬季不高于 26 ℃

4. 结构节能中包括（　）。

A. 调整产业结构　B. 调整工业结构　C. 调整工艺结构　D. 调整产品结构

三、判断题

1. 坚持突出节能是科学发展的本质要求。（　）

2. 搞好用能设备的节能，主要指工业锅炉、工业窑炉、电动机、发电机组等重点用能设备。（　）

四、分析题

给定材料：

在用能单位的产品成本构成中，能源是其中的一部分，有的行业能源占很大的比例。

如我国钢铁行业的能耗占成本大于25%，铝行业的能耗约占成本的50%，大型建材企业的能耗占成本的40%～50%，化肥企业能耗占成本70%～75%，石化行业能耗占成本约为40%。随着能源价格的上涨，产品的能耗越大，成本越高，产品价格上的竞争优势也就越小，用能单位经济效益越差。

作答要求：

根据“给定材料”，请评价通过节能降低能耗所占成本比例对用能单位的作用。

要求：准确且有针对性，字数不超过100字。

第四章 热工基础知识

第一节 工程热力学

一、单选题

1. 大气压力为 $p_a = 10^5$ Pa，如果某点的表压力为 0.49×10^5 Pa，则该点的绝对压力为（ ）Pa。

A. 51×10^3　B. 1.49×10^5　C. 1.5×10^5　D. 1.05×10^5

2. 工质完成一个不可逆循环后，其熵变化（ ）。

A. 为零　B. 减少

C. 增加　D. 可能增加、减少或为零

3. 公式 $q = \Delta u + w$ 适用于闭口系统中的（ ）。

A. 理想气体的可逆过程　B. 实际气体的任意过程

C. 任何工质的任意过程　D. 任何工质的可逆过程

4. （ ）的焓和热力学能是温度的单值函数。

A. 水蒸气　B. 所有气体　C. 理想气体　D. 湿空气

5. 理想气体的比定容热容（ ）比定压热容。

A. 大于　B. 小于　C. 等于　D. 无法判断

6. 在两恒温热源之间工作的可逆热机，热效率高低取决于（ ）。

A. 热力循环包围的面积大小　B. 高温热源温度

C. 低温热源温度　D. 高温热源及低温热源温度

7. 孤立系统是指（ ）的热力系统。

A. 具有活动边界　B. 与外界没有功量交换

C. 与外界没有热量交换　D. 与外界没有物质交换和能量交换

二、多选题

1. 对于理想气体的下列说法，正确的是（ ）。

A. 理想气体的焓是温度的单值函数　B. 理想气体的熵是温度的单值函数

C. 理想气体的比热容是温度的函数　D. 理想气体的热力学能是温度的单值函数

2. 理想气体的基本热力过程为（ ）。

A. 定压过程　B. 定容过程　C. 定温过程　D. 绝热过程

3. 卡诺循环是（ ）。

A. 理想循环　B. 可逆循环

C. 由两个绝热过程和两个定温过程组成　D. 效率最高

4. 下列说法正确的是（ ）。

A. 根据孤立系统熵增原理，任何系统的熵都不可能减少

B. 一个系统熵的增大必然伴随着其他系统熵的减小

C. 一个系统熵的减小必然伴随着其他系统熵的增大

D. 由于不可逆因素造成的熵增大必然导致可用能的减小

5. 提高卡诺循环热效率的措施有（ ）。

A. 增大吸热量　　B. 提高高温热源温度

C. 降低低温热源温度　　D. 减小放热量

6. 提高朗肯循环热效率的措施有（ ）。

A. 提高初温　　B. 降低乏汽压力　　C. 提高初压　　D. 增大蒸汽流量

三、判断题

1. 0 ℃就是热力学温度的 273.15 K。（ ）

2. 热力学能就是热量。（ ）

3. 热力学第一定律的实质是能量转换与守恒定律在热力学中的应用。（ ）

4. 理想气体的焓、熵和热力学能都是温度的单值函数，与其他参数无关。（ ）

5. 对于一种确定的理想气体，比定压热容和比定容热容的差 $c_p - c_V$ 是定值。（ ）

6. 根据卡诺定理，不可逆循环的热效率总小于可逆循环的热效率。（ ）

7. 孤立系统经历了一不可逆过程，孤立系统的总熵会增大。（ ）

8. 因为孤立系统内的熵总是增加或保持不变，因此使孤立系统的熵减小的过程不可能发生。（ ）

9. 在锅炉等热力设备中，水在定压的条件下加热生成水蒸气的过程须经历未饱和水、饱和水、湿饱和蒸汽、干饱和蒸汽、过热蒸汽五个阶段。（ ）

10. 空气的相对湿度越大，其含湿量就越高。（ ）

11. 朗肯循环采用再热措施后，热效率提高，排汽干度下降。（ ）

12. 提高汽轮机入口的初温、初压和降低乏汽压力可以提高朗肯循环的热效率。（ ）

13. 热力过程中的 Δh 取决于过程的初始状态和终了状态，而与过程的路径无关。（ ）

四、分析题

给定材料：

可逆过程是实际过程的理想化，日常生活和生产中实际发生的一切过程都是不可逆过程。研究可逆过程，是研究实际过程的基础。

全部由可逆过程组成的循环称为可逆循环。在相同温度的高温热源和相同温度的低温热源之间工作的一切可逆循环，其热效率都相等，与可逆循环的种类和采用哪一种工质都无关。在相同温度的高温热源和相同温度的低温热源之间工作的一切不可逆循环，其热效

率必小于可逆循环的热效率。

作答要求：

既然日常生活和生产中实际发生的一切过程都是不可逆过程，而工程热力学却主要研究可逆过程和可逆循环，试分析这样做有何实际意义？字数不超过150字。

五、计算题

1. 气体在某一闭口过程中吸收了86 kJ的热量，同时热力学能增加了60 kJ，问此过程是膨胀过程还是压缩过程？对外做功是多少？

2. 已知新蒸汽流入汽轮机时的比焓 $h_1=3\ 400$ kJ/kg，乏汽流出汽轮机时的比焓 $h_2=2\ 370$ kJ/kg，若蒸汽流量是108 t/h，求汽轮机功率和1 kg蒸汽对外做的功。

3. 氧气瓶的容积为0.3 m^3，瓶内的表压力为1.4 MPa，温度为303 K，求瓶中氧气的质量是多少？若氧气用掉一半，温度降为293 K，当地大气压为0.1 MPa，问此时氧气瓶的压力是多少？$R=260$ J/(kg·K)

4. 一个热机循环工作在1 000 K和300 K的两个热源之间，从高温热源吸热100 kJ，做功77 kJ，判断该循环是否可行，为什么？

第二节 流体力学

一、单选题

1. 流体的黏性与（ ）无关。

A. 流体的种类　B. 流体的速度　C. 流体的温度　D. 流体的压强

2. 温度升高时，空气的黏性（ ）。

A. 变大　B. 变小　C. 不变　D. 不一定

3. 液体的黏性随温度降低而（ ）。

A. 不变　B. 减小　C. 增大　D. 不确定

4. 油的密度为800 kg/m^3，静止的油的自由液面与大气接触，油面下0.5 m深处的相对压强为（ ）。

A. 0.8 kPa　B. 0.5 kPa　C. 0.4 kPa　D. 3.9 kPa

5. 连续方程依据的原理是（ ）。

A. 能量守恒　B. 动量守恒　C. 动能守恒　D. 质量守恒

6. 水在一条管道中流动，如果两截面的管径比为 $d_1/d_2=3$，则速度比为 $v_1/v_2=$（ ）。

A. 3　B. 1/3　C. 9　D. 1/9

7. 圆管流动中，层流的临界雷诺数等于（ ）。

A. 2 000　B. 400　C. 1 200　D. 50 000

8. 在连续的管流中，如果两个截面的直径比为 $d_1/d_2=2$，则这两个截面上的雷诺数之比为 $Re_1/Re_2=$（ ）。

A. 2　　B. 4　　C. 1/2　　D. 1/4

9. 两台风机单独工作时的流量分别为 Q_1 和 Q_2，其他条件不变，若两机并联运行，则总的流量 Q 为（ ）。

A. $Q=Q_1+Q_2$　　B. $Q>Q_1+Q_2$

C. $Q<Q_1+Q_2$　　D. Q 小于 Q_1 和 Q_2 中的最大者

10. 两台泵单独工作时的扬程为 h_1、h_2，其他条件不变，若两机串联运行，则总扬程 H 为：（ ）。

A. $H<h_1+h_2$　　B. $H=h_1+h_2$

C. $H>h_1+h_2$　　D. $H<h_1$ 和 h_2 中的最大者

11. 对于装有一台送风机和一台引风机的锅炉，送风机和引风机的设置方式属于（ ）。

A. 串联运行　　B. 并联运行　　C. 串并联运行　　D. 无法确定

二、多选题

1. 改变泵或风机性能曲线的调节方法有（ ）。

A. 改变泵或风机的转数　　B. 改变风机进口导流阀的叶片角度

C. 切削泵的叶轮外径　　D. 改变风机的叶片宽度和角度

2. 泵与风机的主要性能参数有（ ）。

A. 流量与扬程　　B. 转速　　C. 功率与效率　　D. 汽蚀余量

3. 泵与风机的功率可分为（ ）。

A. 有效功率　　B. 无效功率　　C. 轴功率　　D. 原动机功率

4. 通常按照 $Q-H$ 的倾向可将性能曲线分为（ ）。

A. 平坦型　　B. 陡降型　　C. 驼峰型　　D. 陡升型

5. 泵或风机损失可分为（ ）。

A. 流动损失　　B. 容积损失　　C. 效率损失　　D. 机械损失

6. 泵与风机的全效率为下列（ ）的乘积。

A. 容积效率　　B. 流动效率　　C. 机械效率　　D. 动力效率

三、判断题

1. 不同液体的黏性各不相同，同一液体的黏性是一常数。（ ）

2. 液体的黏性随温度的升高而降低，气体的黏性随温度的升高而增大。（ ）

3. 流体流动的能量损失可分为沿程损失和局部损失。（ ）

4. 黏性流体的两种流动状态分别为层流和紊流。（ ）

5. 泵的扬程是单位重量液体通过泵时所获得的能量增加值。（ ）

6. 单位质量的气体通过风机时所获得的能量增加值称为全压。 ( )

7. 单位时间内通过泵或风机的流体所获得的功率称为有效功率。 ( )

8. 汽蚀余量是标志泵汽蚀性能的重要参数。 ( )

9. 泵与风机的扬程、流量以及所需的功率等性能不是互相影响的。 ( )

10. 泵的性能曲线是以流量为基本变量，扬程随流量改变而变化的曲线。 ( )

11. 管路性能曲线与泵或风机的性能曲线的交点为泵或风机的工作点。 ( )

12. 串联运行指一台泵或风机的出口向另一台泵或风机的入口输送流体的工作方式。 ( )

四、计算题

1. 水流定常地流过图所示的管道，已知 $d_1=2d_2$，试确定 v_1 和 v_2 关系。

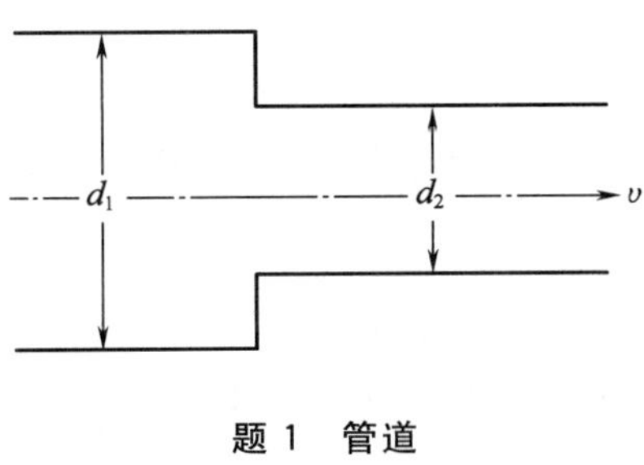

题 1 管道

2. 在一开口水箱侧壁 A 点装一块压力表，表离水箱底面高度 $h_2=1$ m，如图。若压力表的读数为 39 228 Pa，水的密度为 $\rho=1\ 000\ \text{kg/m}^3$，求水箱的充水高度 H 为多少？

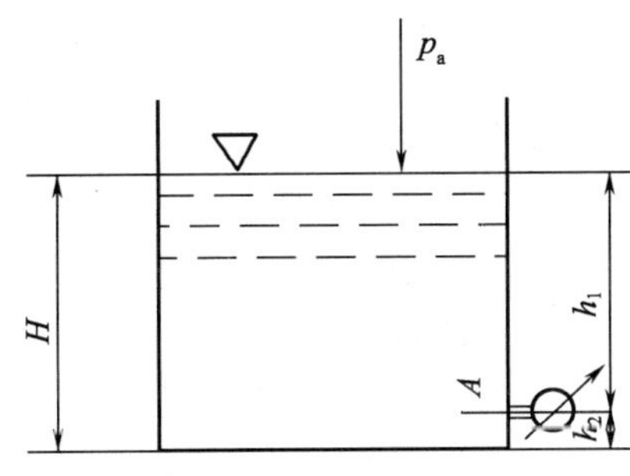

题 2 开口水箱

3. 某段自来水管管流，$d=0.1$ m，$v=1.0$ m/s。水的运动黏度 $\nu=1.31\times10^{-6}\ \text{m}^2/\text{s}$。试求：

(1) 判断管中水流流态？

(2) 若要保持层流，最大流速是多少？

第三节 传 热 学

一、单选题

1. 热传递的共同特点是（ ）。

A. 温差 B. 力差 C. 压差 D. 无法确定

2. 工程上遇到的对流换热，其定义为（ ）。

A. 流体与温度不同的固体壁面接触时所发生的传热现象

B. 固体与温度不同的固体壁面接触时所发生的传热现象

C. 流体与距离不同的固体壁面接触时所发生的传热现象

D. 流体与温度不同的流体接触时所发生的传热现象

3. 对流换热是（ ）基本方式的综合作用。

A. 导热和热对流 B. 导热和热辐射

C. 热辐射和热对流 D. 导热、热对流和热辐射

4. 热辐射以（ ）形式传递能量。

A. 原子 B. 分子 C. 光子 D. 离子

5. 冬天时，棉被经过白天晾晒，晚上人盖着感觉暖和，是因为（ ）。

A. 棉被中蓄存了热量，晚上释放出来 B. 棉被变厚了，棉被的导热系数变小

C. 棉被内表面的表面传热系数减小 D. 棉被外表面的表面传热系数减小

6. 炉墙平壁用两种厚度相等的保温材料保温，两种材料的导热系数分别为 λ_1、λ_2（$\lambda_1>\lambda_2$），λ_1、λ_2 为常数，下面说法正确的是（ ）。

A. 将 λ_1 的材料放在内侧，则保温效果好

B. 将 λ_2 的材料放在内侧，则保温效果好

C. 无论保温材料怎样放置，保温效果一样

D. 无法确定

7. 流体外掠光滑管束换热时，第一排管子的平均的表面传热系数与后排管子平均表面传热系数相比，第一排管子的平均表面传热系数（ ）。

A. 大 B. 小 C. 与其他各排相同 D. 无法确定

8. 夏季，有一锅热稀饭，为使稀饭凉得更快一些，效果最好的方法是（ ）。

A. 搅动锅内的稀饭 B. 把锅放入凉水中

C. 把锅放入凉水中，搅动凉水 D. 把锅放入凉水中，搅动锅内的稀饭

9. 以下气体中，不吸收热辐射的是（ ）。

A. 水蒸气 B. 氧气 C. 氟利昂 D. 二氧化碳

10. 下列黑体的定义正确的是（ ）。

A. 大部分吸收外来辐射的物体 B. 吸收投入其面上所有热辐射能的物体

C. 能全部吸收外来热量的物体　　D. 能全部吸收外来能量的物体

11. 物体发射的辐射能取决于温度的（　）。

A. 一次方　　B. 二次方　　C. 三次方　　D. 四次方

12. 实际物体的黑度总是（　）。

A. 大于1　　B. 小于1　　C. 等于1

D. 既有可能大于1、等于1，也有可能小于1

13. 以一维稳态传热为例，传热系数越大，其传热性能（　）。

A. 越好　　B. 越差　　C. 不变　　D. 无法确定

二、多选题

1. 传热的三种基本方式是（　）。

A. 导热　　B. 扩散　　C. 对流　　D. 辐射

2. 热对流与对流换热的区别是（　）。

A. 热对流是传热的3种基本方式之一，而对流换热不是传热的基本方式

B. 热对流与对流换热没有区别

C. 对流换热是导热与热对流这两种基本方式的综合作用

D. 对流换热必须存在流体与固体壁面间的相对运动

3. 辐射换热的特点是（　）。

A. 不需要介质的存在

B. 在辐射换热过程中伴随着能量形式的转换

C. 只要 $T>0$ K 的一切物体，都在不停地相互辐射能量

D. 需要介质的存在

4. 各种材料导热系数的一般规律是（　）。

A. $\lambda_{固体金属}>\lambda_{固体非金属}$　　B. $\lambda_{液体}>\lambda_{气体}$

C. $\lambda_{固体金属}<\lambda_{固体非金属}$　　D. $\lambda_{纯铁}>\lambda_{钢}$

三、判断题

1. 传热量始终从高温处向低温处传递。（　）

2. 对流与对流换热是一个概念。（　）

3. 导热热阻与导热系数（热导率）都是物性参数。（　）

4. 流体外掠管束时，后排管子的表面传热系数受到前排管子的扰动，表面传热系数高于前排管子的表面传热系数。（　）

5. 吸收比表示外界投射到物体表面的总能量中被物体反射的部分所占的比例。（　）

6. 穿透比表示外界投射到物体表面的总能量中穿透物体的部分所占的比例。（　）

7. 黑体在现实生活中存在。（　）

8. 灰体的吸收比与波长无关。（　）

9. 黑体辐射力与热力学温度成正比。 （ ）

四、分析题

给定材料：

蒸汽锅炉炉膛中的水冷壁受温度为 1 000 ℃的烟气加热。

（1）水冷壁外表面结了一层厚为 1 mm 的烟垢，烟垢的导热系数为 0.08 W/(m·K)；

（2）水冷壁内表面上有一层厚为 1 mm 的水垢，水垢的导热系数为 1 W/(m·K)。

作答要求：

试分析上述两种情况下，哪种情况水冷壁单位长度的热负荷大？

要求：准确、完整、观点鲜明、字数不超过 120 字。

五、计算题

1. 一双层玻璃窗，宽 1.0 m，高 1.2 m，厚 3 mm，导热系数为 1.05 W/(m·K)；中间空气层厚 5 mm，设空气层仅起导热作用，导热系数为 0.026 W/(m·K)。室内空气温度为 26 ℃，表面传热系数为 20 W/(m^2·K)；室外空气温度为－11 ℃，表面传热系数为 15 W/(m^2·K)。试计算通过双层玻璃窗的散热量。

2. 若上题的其他条件不变，采用单层玻璃窗，玻璃窗的厚度为 6 mm，其散热损失是双层玻璃窗的多少倍？

3. 相距很近彼此平行的两个黑体表面，若（1）表面温度分别为 1 090 ℃和 1 020 ℃；（2）两表面温度分别为 90 ℃和 20 ℃。试求两种情况下辐射换热量的比值，并由此可得什么结论？

第四节 热工测量技术

一、单选题

1. 一般在被测压力较稳定的情况下，最大工作压力不应超过仪表量程的（ ）。

A. 1/2 B. 2/3 C. 3/4 D. 满量程

2. 已知某处的最大工作压力为 0.9 MPa，最小工作压力为 0.4 MPa，压力表适合的量程为（ ）。

A. 0～1.0 MPa B. －0.1～1.2 MPa

C. 0～1.2 MPa D. 0～1.6 MPa

3. 某温度计量程为 600 ℃，精度等级为 1.5，则此温度计可能产生的最大误差为（ ）。

A. ±9 ℃ B. ±1.5 ℃ C. ±7.5 ℃ D. ±4 ℃

4. 测炉膛燃烧温度常用以下哪种温度计（ ）。

A. 水银温度计　　B. 锗电阻温度计
C. 铜-康铜热电偶　　D. 辐射式高温计

5. 在一次水银温度计测温结果的表示中，读出的数据是 34.56 ℃，其中的欠准数字是（ ）。

A. 3　　B. 4　　C. 5　　D. 6

6. 在一次测量结果的加法计算中，1.2＋3.43＋7.254＋5，下列计算方法和结果表示方法正确的是（ ）。

A. 1.2＋3.43＋7.25＋5＝16.88，结果为 16.9
B. 1.2＋3.4＋7.3＋5＝16.9，结果为 17
C. 1.2＋3.4＋7.3＋5.0＝16.9，结果为 16.9
D. 1.200＋3.430＋7.254＋5.000＝16.880，结果为 16.880

二、多选题

1. 工业上常采用液位计，按其工作原理分为（ ），以及超声波式、辐射式等。

A. 静压式　　B. 浮力式　　C. 电气式　　D. 动压式

2. 为了保证测温的准确、安全、可靠，测温仪器测温点应布置在（ ）。

A. 测温仪器尽量布置在流速最高的位置
B. 测温元件安装应便于维修、校验和拆装
C. 避免辐射引起的测温误差
D. 防止干扰信号的引入

3. 误差的表示方法分为（ ）。

A. 分析误差　　B. 绝对误差　　C. 相对误差　　D. 引用误差

三、判断题

1. 测量时，只要被测参数的最大值不超过仪表量程范围即可。（ ）
2. 热电偶的基本原理是利用金属受热电阻值随温度变化而变化的特性。（ ）
3. 热电阻的基本原理是基于一种金属和另一种金属间的热电效应。（ ）
4. 测压力时，取压口应该选在拐弯、分叉等能形成漩涡的地方。（ ）
5. 一次测压的读数为 0.245 V，它的有效数字是 4 位。（ ）

四、计算题

用某一测量范围为 0 ～100 ℃的温度计测量环境温度，读数为 22.3 ℃；用经过校准的标准温度计测量，读数为 22.7 ℃，求本次测量的绝对误差、相对误差和引用误差。

第五章 电工基础知识

第一节 电磁学概论

一、单选题

1. 电动机、变压器等铁芯用硅钢片叠压而成，且片与片之间绝缘，主要是为了（ ）。

A. 减小涡流损耗 B. 减小磁滞损耗 C. 减小磁场强度 D. 减小集肤效应

2. 当穿过导体闭合回路的磁通最大且恒定不变时，导体回路中产生的感应电动势为（ ）。

A. 正的最大值 B. 零 C. 负的最大值 D. 无法确定

3. 某导体两端的电压为 200 V 时，通过导体的电流 20 A，则导体的电阻为（ ）。

A. 10 Ω B. 0.1 Ω C. 2 Ω D. 2 000 Ω

4. 电流通过导体产生热的现象叫做电流的热效应，产生的热量（ ）。

A. 只与电流大小有关

B. 只与导体电阻大小有关

C. 只与通电时间有关

D. 与电流大小、导体电阻大小和通电时间三者有关

5. 若一个交流电与另一个交流电的相位差为 180°，称为（ ）。

A. 同相 B. 超前 C. 反相 D. 滞后

6. 单相正弦交流电表达式为：$u=220\sqrt{2}\sin(314t+60°)$ V，则单相交流电的有效值为（ ）。

A. $220\sqrt{2}$ V B. 220 V C. $20/\sqrt{2}$ V D. $220/\sqrt{3}$ V

7. 三相对称负载作星形连接时，下列说法正确的是（ ）。

A. 相电压与线电压相等 B. 线电压是相电压的$\sqrt{2}$倍

C. 相电流与线电流相等 D. 线电流是相电流的$\sqrt{2}$倍

8. 5 个阻值为 10 Ω 的电阻并联，并联后总电阻是（ ）。

A. 50 Ω B. 2 Ω

C. 4 Ω D. 10 Ω

9. 如图 5－1 所示，电流 $I=10$ mA，$I_1=6$ mA，I_2 的值是（ ）。

A. 16 mA B. 4 mA

C. 8 mA D. －4 mA

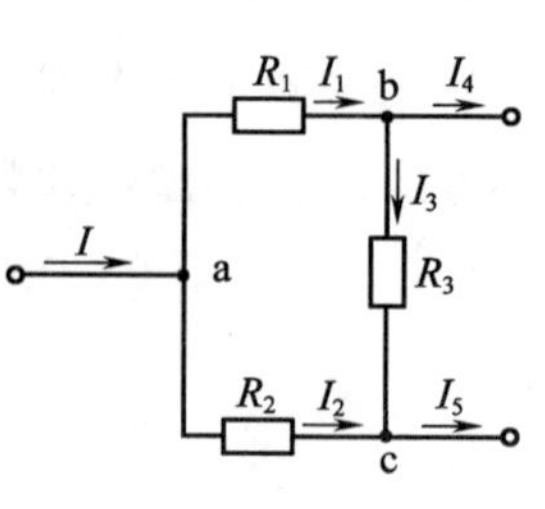

图 5－1 单选题 9 电路图

10. 上题中，如果 $I_3=-3$ mA，I_4 的值是（ ）。

A. 9 mA　B. 3 mA　C. －9 mA　D. －3 mA

11. 星形连接时三相电源的公共点叫做三相电源的（ ）。

A. 中性点　B. 参考点　C. 零电位点　D. 接地点

12. 正弦交流电的幅值就是（ ）。

A. 正弦交流电最大值的 2 倍　B. 正弦交流电最大值

C. 正弦交流电波形正负之和　D. 正弦交流电最大值的$\sqrt{2}$倍

二、多选题

1. 三相对称负载作三角形连接时，下列说法正确的是（ ）。

A. 相电压与线电压相等　B. 线电压是相电压的$\sqrt{3}$倍

C. 相电流与线电流相等　D. 线电流是相电流的$\sqrt{3}$倍

2. 单相交流电通过感性负载，电路处于稳态时，下列说法正确的是（ ）。

A. 视在功率可用 $S=UI$ 计算　B. 有功功率可用 $P=UI\cos\varphi$ 计算

C. 无功功率可用 $Q=UI\sin\varphi$ 计算　D. 瞬时功率是 0

3. 两个标有“220 V、40 W”和“220 V、60 W”的灯泡，下列说法正确的是（ ）。

A. “W”表示电能的单位

B. 60 W 的灯泡比 40 W 的灯泡电阻小

C. 额定电压下，流过 40 W 灯泡的电流比 60 W 灯泡电流小

D. 相同时间内，60 W 灯泡消耗的电能比 40 W 灯泡多

4. 下列关于电功、电功率和电热说法正确的是（ ）。

A. 一个小时内电炉子消耗的电能等于它产生的热量

B. 电功率等于电流在单位时间内所做的功

C. 根据公式 $A=UIt=I^2Rt=\frac{U^2}{R}t$，电流通过用电器所做的功等于产生的热量

D. 电流通过电动机时所做的功与产生的热量不相等

5. 用电压表测得电路中电源的端电压为零，下列说法错误的是（ ）。

A. 外电路短路　B. 外电路断路

C. 外电路上电流比较小　D. 电源内阻为零

三、判断题

1. 用相同材料、相同长度、截面积不同的两条电缆，分别向两台功率相同的电机供电，则两条电缆损耗的电能相同。（ ）

2. 变压器是根据互感原理工作的。（ ）

3. 电动机、变压器铁心中存在磁滞现象，磁滞现象不消耗能量。（ ）

4. 变压器和电动机额定容量的单位都是千瓦（kW）。（ ）

5. 闭合电路中的磁链变化，在回路中就会产生感应电动势。 （ ）

6. 交流电的大小和方向都随时间按照一定规律做周期性变化。 （ ）

7. 我国使用的交流电的周期是 0.2 s。 （ ）

8. 我们使用的 380 V 和 220 V 两种电压分别是交流电压的最大值和有效值。 （ ）

9. 对于电路中任何一个结点，流入结点的电流总是等于流出结点的电流。 （ ）

四、分析题

1. 给定材料

某工厂有一台 250 kVA 的变压器，输出电压为 380 V，给 8 台额定电压为 380 V、功率因数为 0.8、额定功率为 27 kW、效率为 0.86 的三相异步电动机供电。电动机全部投入工作后，发现变压器温度超过额定温升。

作答要求

根据“给定材料”回答下列问题：

（1）请分析变压器温度过高的原因。（通过计算说明原因）

（2）在负载不变的情况下，应采取什么措施？

2. 给定材料

电气工程中的电动机、变压器的铁心均使用硅钢片。在变化的磁场中，硅钢片内部会因电磁感应产生自行闭合、呈旋涡状流动的电流，因此称之为涡旋电流，简称涡流。涡流在硅钢片内流动时，会产生损耗引起硅钢片发热，引起涡流损耗。

作答要求

根据“给定材料”回答下列问题：

（1）电动机、变压器中的硅钢片起什么作用？

（2）电动机、变压器为减小铁心涡流损耗，常采取什么措施？

五、计算题

1. 某三相对称负载作三角形连接，接在线电压为 380 V 的电源上，消耗的电功率为 9.12 kW，功率因数为 0.8，求负载的相电流和线电流。

2. 电路图如图 5－2 所示，求电流 I 和电压 U。

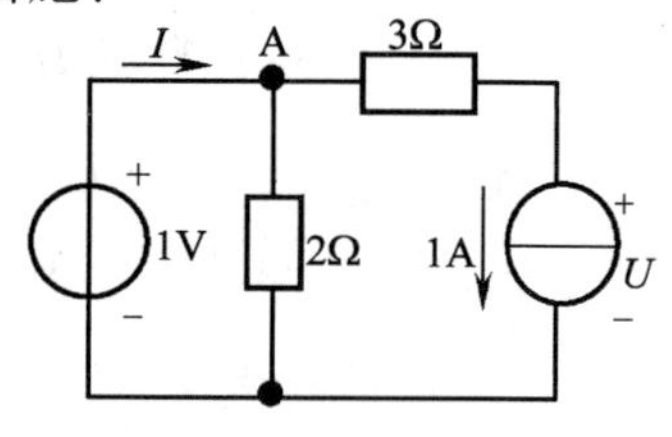

图 5－2 计算题 2 电路图

第二节 电力基础知识

一、单选题

1. 在工厂供电系统设计中，选择变压器时所依据的负荷是（ ）。

A. 最大负荷 B. 平均负荷 C. 计算负荷 D. 有效负荷

2. 电力系统正常频率偏差允许值为（　）。

A. ±0.2 Hz　　B. ±1 Hz　　C. ±1.5 Hz　　D. ±2 Hz

3. 将电容器组分组安装在车间配电室或变电所各分路的出线上的补偿方式称为（　）。

A. 分散补偿　　B. 个别补偿　　C. 集中补偿　　D. 高压补偿

4. 下列无功功率补偿方法被广泛采用的是（　）。

A. 利用过激磁的同步电动机　　B. 利用调相机做无功功率电源

C. 异步电动机同步化　　D. 电力电容器作为补偿装置

5. 一感性负载（可视作 R、L 串联电路）并联电容 C 后，下面说法正确的是（　）。

A. 电路总的功率因数提高　　B. 电路无功功率消耗减少

C. 电路有功功率消耗不变　　D. 电路总电流下降

二、多选题

1. 衡量电能质量好坏的主要指标包括（　）。

A. 电压波动　　B. 电压偏差　　C. 电流大小　　D. 频率偏差

2. 电力电容器作为补偿装置有两种方法，串联补偿和并联补偿。下列叙述正确的是（　）。

A. 用电企业一般采用串联补偿　　B. 用电企业一般采用并联补偿

C. 高压远距离输电线路采用串联补偿　　D. 高压远距离输电线路采用并联补偿

3. 通过提高负载功率因数可以（　）。

A. 减小供电变压器的容量　　B. 增大线路电流

C. 降低线路损耗　　D. 减少线路输送的无功功率

4. 下列属于供电质量指标的是（　）。

A. 电网频率　　B. 电压偏差　　C. 电压等级　　D. 公用电网谐波

5. 并联电容器的作用是（　）。

A. 补偿无功功率，提高功率因数　　B. 保护设备不受损坏

C. 降低功率损耗和电能损失　　D. 提高设备出力

三、判断题

1. 对于电阻性负载，不需要进行功率因数补偿。（　）

2. 只要不是电阻性负载，都可以用电容器进行无功功率补偿。（　）

3. 年最大负荷利用小时数指的是一年中功率最大的负荷工作的小时数。（　）

4. 串联补偿是指用电单位把电容器直接串联到负载供电线路上的补偿方式。（　）

5. 无功功率补偿是为了提高线路的功率因数，增大线路中电压与电流的相位差。（　）

6. 提高功率因数，对保证电力系统的经济运行和供电质量十分重要。（　）

7. 从三相电源中性点引出的导线叫中性线，当中性线直接接地时称为零线。（　）

8. 低压配电系统中，三相四线制可以向负载提供两种电压 380 V 和 220 V。 （ ）

9. 电路中的无功功率就是没有用的功率。 （ ）

10. 供电可靠性指供电系统持续供电的能力，应根据负荷等级来保证供电系统的可靠性。 （ ）

四、分析题

给定材料

无功功率补偿的方法有：(1) 利用过激磁的同步电动机；(2) 利用调相机做无功功率电源；(3) 异步电动机同步化；(4) 电力电容器作为补偿装置。

作答要求

根据“给定材料”回答下列问题：

1. 上述 4 种无功功率补偿的方法中，哪种补偿方法在工厂中广泛使用？

2. 采用并联电容器进行无功补偿的主要作用有哪些？

五、计算题

某单相负载 $f=50$ Hz，$U=220$ V，有功功率 $P=10$ kW，功率因数 $\cos\varphi_1=0.707$。若将功率因数提高到 $\cos\varphi_2=0.866$，求需要并联的电容 C。

第三节 电机与拖动

一、单选题

1. 一台单相变压器，原副绕组电压额定值 $U_{1N}=1$ kV，$U_{20}=400$ V，$I_{2N}=100$ A 则该变压器原边额定电流 $I_{1N}=$（ ）。

A. 250 A　　B. 30 A　　C. 50 A　　D. 40 A

2. 在变压器损耗中，与负载大小有关的损耗是（ ）。

A. 铜耗　　B. 铁耗　　C. 磁滞损耗　　D. 涡流损耗

3. 变压器初级线圈匝数为 300，次级线圈匝数 100，二次侧接 8 Ω 扬声器，折算到一次侧后的等效阻抗为（ ）。

A. 72 Ω　　B. 24 Ω　　C. 36 Ω　　D. 不变

4. 一台三相异步电动机的负载转矩恒定不变，若电源电压下降，则在新的稳定运转的情况下，电动机的输出转矩 T 将（ ）。

A. 变大　　B. 变小　　C. 不变　　D. 不能确定

5. 三相变压器的额定电压是指（ ）。

A. 变压器的线电压　　B. 变压器的相电压

C. 变压器的一、二次电压中较大的值　　D. 变压器的一、二次电压中较小的值

6. 在Y-△降压起动方法中，降压起动时的转矩为直接起动时转矩的（ ）倍。

A. 3　　B. 1/3　　C. $\sqrt{3}$　　D. $1/\sqrt{3}$

7. 极对数 $p=3$ 的三相异步电动机的磁场同步转速是（ ）。

A. 3 000 r/min　　B. 1 500 r/min　　C. 1 000 r/min　　D. 750 r/min

8. 电动机使用自耦变压器降压启动。若自耦变压器的变比为 K，则降压起动时的电流为直接起动时电流的（ ）。

A. K　　B. $\frac{1}{K}$　　C. $\frac{1}{K^2}$　　D. K^2

9. 直流电动机的机械特性曲线是指（ ）。

A. 电枢绕组的电压与电流之间的关系曲线

B. 励磁绕组的电压与电流之间的关系曲线

C. 电源电压与转矩之间的关系曲线

D. 电动机转速与转矩之间的关系曲线

10. 一台三相异步电动机的额定转速为 1 425 r/min，它的极数是（ ）。

A. 2　　B. 4　　C. 6　　D. 8

二、多选题

1. 鼠笼式异步电动机调速方法主要有（ ）。

A. 变频调速　　B. 变转差率调速　　C. 变极调速　　D. 转子串电阻调速

2. 关于变压器下列说法正确的是（ ）。

A. 可以进行电压变换　　B. 可以进行电流变换

C. 可以进行阻抗变换　　D. 可以进行频率变换

3. 直流电动机的调速方法有（ ）。

A. 改变磁通调速　　B. 变频调速

C. 调压调速　　D. 电枢回路串电阻调速

4. 一台变压器原边接在电源上，当副边带纯电阻负载时，关于原边输入的功率下列说法错误的是（ ）。

A. 只包含有功功率　　B. 只包含无功功率

C. 既有有功功率，又有无功功率　　D. 为零

5. 他励直流电动机拖动恒转矩负载进行串电阻调速，设调速前、后的电枢电流分别为 I_1 和 I_2，则下列说法错误的是（ ）。

A. $I_1<I_2$　　B. $I_1=I_2$　　C. $I_1>I_2$　　D. 无法确定

6. 关于变压器的空载损耗下列说法错误的是（ ）。

A. 主要为铁损耗　　B. 全部为铁损耗

C. 主要为铜损耗　　D. 全部为铜损耗

7. 笼型异步电动机的起动方式主要有（ ）。

A. 直接起动　　B. 降压起动
C. 转子串电阻起动　　D. 软起动

8. 关于星三角降压启动下列说法正确的是（ ）。
A. 降压起动时的电流是直接起动时的1/3
B. 降压起动时的转矩是直接起动时的1/3
C. 起动时定子绕组电压是直接起动时的$1/\sqrt{3}$
D. 适用于所有笼型异步电动机

三、判断题

1. 变压器既可以变换直流电压，也可以变换交流电压。（ ）
2. 变压器二次侧空载时，变压器不消耗能量。（ ）
3. 电流互感器或电压互感器二次侧一端必须可靠接地。（ ）
4. 6 极电机比 4 极电机额定转速高。（ ）
5. 异步电动机使用变频调速，不仅调速性能好而且也有显著的节能效果。（ ）
6. 三相异步电动机在起动时的转矩最大。（ ）
7. 直流电动机可通过改变磁通来调速。调速时通常是增加磁通，将转速往下调。（ ）
8. 一台并励直流电动机，若改变电源极性，则电机转向也改变。（ ）
9. 三相异步电动机的变极调速只适用于笼型异步电动机。（ ）
10. 软起动是指电动机起动时的机械特性很软。（ ）

四、分析题

给定材料

三相异步电动机的旋转原理如下：

1. 电动机定子绕组中通入三相对称交流电，产生的合成磁场是随电流的交变而在空间不断旋转的磁场，称为旋转磁场。

2. 旋转的磁场切割转子导条，转子导条中会产生感生电流。

3. 转子电流和定子磁场相互作用，使转子导条受到力的作用。由电磁力产生电磁转矩，转子就转动起来。

作答要求

根据“给定材料”，回答下列问题：

1. 三相异步电动机定子产生旋转磁场的条件是什么？
2. 转子导条中，产生感生电流的方向用什么定则来判定？
3. 转子导条受力的方向用什么定则来判定？

五、计算题

1. 一台 Y132S－4 型三相异步电动机的额定数据如下：

功率	转速	电压	效率	功率因数	I_{st}/I_N	T_{st}/T_N	T_{max}/T_N
5.5 kW	1 440 r/min	380 V	85.5%	0.84	7	2.2	2.2

电源频率为 50 Hz。试求额定状态下的转差率 s_N，电流 I_N 和转矩 T_N，以及起动电流 I_{st}，起动转矩 T_{st}，最大转矩 T_{max}。

2. 某四极三相异步电动机的额定功率为 30 kW，额定电压为 380 V，△形接法，频率为 50 Hz。在额定负载下运行时，其转差率为 0.02，效率为 90%，线电流为 57.5 A。试求：(1) 旋转磁场对转子的转速；(2) 额定转矩；(3) 电动机的功率因数。

3. 有一并励直流电动机，其额定数据如下：$P_2=22$ kW，$U=110$ V，$\eta=0.84$；并已知 $R_a=0.04\ \Omega$，$R_f=27.5\ \Omega$。试求：额定电流 I，额定电枢电流 I_a 及额定励磁电流 I_f。

4. 有一并励电动机，额定电压 $U_N=220$ V，额定电流 $I_N=240$ A，并已知 $R_a=0.1\ \Omega$，$R_f=30\ \Omega$。

求：(1) 励磁电流和电枢中直接起动电流；

(2) 如果使起动电流不超过额定电流的 2 倍，需要再串联多大的起动电阻 R_a'？

5. 有一台单相变压器，已知：$U_1=220$ V，$U_2=22$ V，$N_1=100$ 匝，$I_1=1$ A，求副边匝数 N_2 和副边电流 I_2。

6. 有一台三相异步电动机，额定功率为 7.5 kW，额定电压为 380 V，额定功率因数为 0.85，额定效率为 0.85，试求额定电流。

7. 一台并励直流电动机，额定电压为 220 V，电枢额定电流为 30 A，电枢回路电阻为 0.5 Ω，保持常数 $K_E\Phi$ 为 0.13 V/(r/min)，在电枢回路中串入 2.5 Ω 的电阻，求稳态转速。

8. 一台并励直流电动机，额定输入功率为 40 kW，额定电压为 220 V，励磁回路电阻为 55 Ω。试求额定励磁电流。

第四节 电 气 线 路

一、单选题

1. 在架空线路导线中，多股绞线与单股导线比较，不属于多股绞线特点的是（ ）。

A. 集肤效应小　　B. 机械强度高　　C. 电阻大　　D. 电阻小

2. 在出现异常电压情况下，避雷器对地电阻（ ）。

A. 很大，接近开路　　B. 很小，接近短路

C. 无穷大　　D. 不确定

3. 利用导体自身的固有电阻通电后产生热效应，达到炽热程度而发光的电光源是（ ）。

A. 白炽灯　　B. 荧光灯　　C. 钠灯　　D. 炭精灯

二、判断题

1. 电气线路在输送功率相同的情况下，采用高压输电会增加线路电能损耗。（ ）
2. 避雷器在正常工作电压情况下，对地相当于开路。（ ）
3. 在照度要求相同的情况下，使用荧光灯比白炽灯能节省电能。（ ）
4. 架空线路发生单相接地故障，属于设备机械性故障。（ ）

第五节 自动控制理论简介

一、单选题

1. 控制系统的稳定性与（ ）有关。

A. 输入变量　　B. 系统自身结构和参数

C. 外界干扰　　D. 初始条件

2. 如控制系统的特征方程为 $S^3+4S^2+S-6=0$，则该系统（ ）。

A. 不稳定　　B. 稳定　　C. 可能稳定　　D. 不确定

二、多选题

控制系统的基本要求是（ ）。

A. 系统稳定　　B. 控制精度高，稳态误差要小

C. 系统的结构要复杂　　D. 过渡过程的调节时间要短

三、判断题

1. 微分方程、传递函数都是描述控制系统的数学模型。（ ）
2. 若劳斯行列表中第一列元素为：5、3、6、−3、2，则系统稳定。（ ）

第六章　燃料与燃烧

一、单选题

1. 煤的组成以有机质为主，包括五种主要元素即（　）、氢、氧、氮和硫。

A. 碳　　B. 磷　　C. 钾　　D. 氯

2. 煤粉在锅炉中完全燃烧的基本条件：足够高的炉膛温度；（　）；燃烧气流良好前期混合和后期扰动；煤粉在炉内足够长的停留时间。

A. 较大的空气量　　B. 适当的空气量　　C. 理论空气量　　D. 较少的空气量

3. 固态、液态燃料的可燃成分有碳、（　）、硫等元素。

A. 氯　　B. 磷　　C. 钾　　D. 氢

4. 根据（　）计算出来的燃料完全燃烧时所需的空气量，叫做理论空气量。

A. 工程实际　　B. 燃料消耗量　　C. 化学反应式　　D. 具体情况

5. 空气系数 α 的定义是（　）。

A. 理论空气量与实际空气量的比值　　B. 实际空气量与理论空气量的比值

C. 过量空气量与理论空气量的比值　　D. 理论空气量与过量空气量的比值

6. 液态燃料的燃烧方式可以分为（　）。

A. 预蒸发型和喷雾型　　B. 预混型和非预混型

C. 喷雾型和预混型　　D. 预蒸发型和预混型

7. 燃油的雾化是一个复杂的（　）过程。

A. 物理　　B. 化学　　C. 物理与化学　　D. 循环

8. 固态、液态燃料完全燃烧时理论烟气量由（　）、SO_2、N_2 以及 H_2O 四种组分组成。

A. CO　　B. O_2　　C. CO_2　　D. H_2O

9. 由 1kg 燃料生成的实际烟气中包含理论烟气焓、（　）和烟气中还携带有一部分飞灰的焓。

A. 理论空气焓　　B. 炉渣的焓　　C. 漏煤焓　　D. 过量空气量的焓

10. 在循环流化床锅炉热平衡公式中，q_7 代表（　）。

A. 散热损失　　B. 排烟热损失

C. 石灰石脱硫热损失　　D. 机械不完全燃烧热损失

11. 锅炉热效率定义是（　）的比值。

A. 输入热量与有效利用热　　B. 有效利用热与排烟热损失

C. 有效利用热与输入热量　　D. 排烟热损失与有效利用热

二、多选题

1. 煤的工业分析包括（　）的测定和固定碳的计算四项内容。

A. 水分　　B. 灰分　　C. 挥发分　　D. 发热量

2. 燃料的发热量根据是否包括燃料燃烧时生成的水蒸气完全凝结成水放出的汽化潜热可以分为（　）。

A. 最大发热量　　B. 高位发热量　　C. 最小发热量　　D. 低位发热量

3. 气态燃料的燃烧方式包括（　）。

A. 扩散式燃烧　　B. 完全预混式燃烧

C. 部分预混式燃烧　　D. 半扩散式燃烧

4. 固态、液态燃料燃烧的实际运行当中，燃烧过程中有一些可燃物分子不能被充分氧化，在燃烧产物中存在（　）等可燃气体，这种燃烧称为不完全燃烧。

A. 一氧化碳　　B. 氧化物　　C. 碳氢化合物　　D. 氮氧化物

三、判断题

1. 燃烧是指燃料与氧化剂发生强烈化学反应，并伴有发光发热的现象。燃烧不是单纯的化学反应，而是化学反应、流动、传热和传质并存且相互作用的综合现象。（　）

2. 气态燃料的各种组分含量通常用单一气体的体积分数来表示。（　）

3. 为使燃烧进行得完全，空气系数一般应小于 1。（　）

4. 煤的组成以有机质为主，有机质的元素组成通常利用元素分析来测定。（　）

5. 气态燃料燃烧空气系数可以接近 1.0，排烟损失小，无灰渣产生，有害气体的排放量小，有利于环境保护。（　）

6. 锅炉的排烟热损失用符号“q_3”表示。（　）

第七章 管 理 概 述

一、单选题

1. 在能源转换过程中，应对能源转换设备的（ ）、维护监测、定期检修等方面实施管理，以提高能源转换效率。

A. 购置　　B. 运行调度

C. 能源计量和统计管理　　D. 工艺、设备管理

2. 用能单位应分别或综合采用（ ）、能源审计、能量平衡方法定期对能源消耗状况及其费用进行分析。

A. 统计分析　　B. 能效对标　　C. 节能监测　　D. 节能评估

3. 用能单位对本单位使用的主要（ ）、工序的能源消耗状况进行分析，编写评价报告，不断提高能源利用水平。

A. 人员管理　　B. 设备维护　　C. 能源计量　　D. 用能设备

4.《中华人民共和国节约能源法》对重点用能单位提出明确要求，必须（ ）、聘任能源管理负责人。

A. 加强节能项目管理　　B. 设立能源管理岗位

C. 设立生产管理岗位　　D. 加强能源供给管理

5. 用能单位在能源利用过程中要加强对主要用能设备的管理，定期开展（ ）。

A. 节能评估　　B. 节能审计　　C. 节能监测　　D. 清洁生产

二、多选题

1. 能源输入是能源进入用能单位的第一个环节，应进行严格管理，制定和实施管理文件并开展（ ）管理活动。

A. 选择能源供应方　　B. 签订采购合同

C. 制定能源消耗定额　　D. 能源计量及质量检测

2. 用能单位应将节能工作纳入标准化管理，促进节能工作的（ ）。

A. 程序化　　B. 科学化　　C. 定量化　　D. 系统化

3. 节能管理的主要内容中包括（ ）。

A. 创新节能形式　　B. 能效对标管理

C. 能源使用管理　　D. 接受政府管理和社会监督

三、判断题

1. 用能单位在建设前期就应科学地规划各种能源种类和总量，建立和完善能源管理体系。（ ）

2. 用能单位应严格按照标准要求，计算出单位产品能耗值，并与相应的能耗限额标

准进行比对，发现问题，及时上报有待改进。 （ ）

四、分析题

给定材料：

用能单位利用计算机和信息技术，建立自身的能源管控中心。它在提高能源系统的管理效率、优化能源平衡、促进节能减排、提高功能质量、完善消耗评估技术方面提供了一个成熟、有效和使用方便的管控一体化解决方案，搭建一个先进可靠和安全的能源运行、操作和管理平台。其作用体现在如下几个方面：

（1）通过加大用能系统的应急事件的处理，增强对整个用能单位能源事故的反应能力，提高处理突发情况的效率。

（2）减少用能系统运行管理成本，从而提高劳动生产力。该用能系统规模庞大，结构复杂，实际管理、运行成本和检修量大。通过能源中心的建设，能够节约日常管理和人力资源成本，显著提高劳动生产力。

（3）利用综合监控技术在线监控，平衡调整，实现对用能系统运行状况的即时监控，并综合节能调度的措施，保证系统处于最佳状态。

（4）精简能源管理过程中的不必要环节，使管理流程得到优化。

（5）更加细致的分析、加工和处理能源数据，深入挖掘节能潜力。

（6）用能系统实现分散控制和集中管理。针对管理的要求，在公司层面建立能源管理系统，可以实现满足能源工艺系统特点的分散控制和集中管理。

（7）通过优化能源调度和平衡，达到节约能源和保护环境的目的。

作答要求：

根据“给定材料”，对重点用能单位建立自身的能源中心管理系统进行评价。

要求：准确且有针对性，字数不超过 200 字。

第八章 基础管理

第一节 能源计量管理

一、单选题

1. 能源计量器具的检定方式包括（ ）。

A. 强制检定　B. 自愿检定　C. 协商检定　D. 不做检定

2. 用能单位应建立的能源计量管理制度中不包括（ ）。

A. 能源计量数据记录表格　B. 能源计量测试档案

C. 生产负责人任免　D. 计量实验室工作制度

3. 对从事能源生产的用能单位，所配备的能源计量器具应满足评价其（ ）的要求。

A. 单位产品能源自耗率　B. 单位产品综合能耗

C. 总能耗　D. 总综合能耗

4. 能源作为生产原料使用时，其计量器具的准确度等级应满足（ ）的要求。

A. 相应的生产设备　B. 相应的生产工艺

C. 相应的环境条件　D. 原料计量

二、多选题

依照《中华人民共和国强制检定的工作计量器具目录》规定，用于贸易结算、（ ）方面的尺、秤、水表等55项111种工作计量器具属于实行强制检定的对象。

A. 安全防护　B. 医疗卫生　C. 公益资源　D. 环境监测

三、判断题

1. 对从事能源加工、转换、输运性质的企业（如火电厂、输变电等用能单位），其所配备的能源计量器具应满足《通则》评价其能源加工、转换、输运效率的要求。（ ）

2. 检定是一种法定的行政行为，用来查明和确认测量仪器是否符合规定要求。（ ）

四、计算题

某用能单位能源计量器具理论需要量为75台（件），实际的安装配备数量为60台（件），能源计量器具配备率是多少？

五、分析题

给定材料：

建立完善能源计量管理制度，主要有14个方面的规章制度：能源计量部门分工、职责；能源计量管理人员岗位职责；能源计量人员培训管理；能耗定额管理；节能计量奖惩管理；能源计量数据采集、处理和分析；能源统计报表制度；能源计量数据记录表格；能源计量测试档案、技术资料使用保管制度；能源计量器具周期检定、校准制度；能源计量器具使用、维护、保养制度；能源计量器具采购、入库、流转、降级、作废核准制度；计量实验室工作制度；计量测试人员岗位责任制度。

作答要求：

根据“给定材料”，简述建立完善能源计量管理制度的作用。

要求：有针对性，简明扼要，字数不超过150字。

第二节 能源统计管理

一、单选题

1. 能源统计原始记录是用能单位通过一定的表格、卡片、单据等形式，对能源活动过程和成果所作的（ ）。

A. 记录　　B. 登记　　C. 最初记载　　D. 台账

2. 能源统计台账是用能单位按照填报能源统计报表、分析研究、能源管理及其他核算的需要而设置的汇总资料、积累资料的（ ）。

A. 记录　　B. 表格　　C. 最初记载　　D. 账册

3. 能源统计报表是以表格形式科学、准确、简明的描述用能单位用能过程中能源购入、消费和贮存的（ ）。

A. 数据关系　　B. 数量关系　　C. 各种指标　　D. 数量值

4. 用能单位能源统计应严格遵循（ ）工作步骤。

A. 原始记录→统计台账→统计报表　　B. 统计台账→原始记录→统计报表

C. 统计报表→统计台账→原始记录　　D. 统计报表→统计台账→原始记录

二、多选题

1. 能源统计工作程序中包括（ ）。

A. 确定统计范围

B. 编制统计报表

C. 对所调查能源系统进行综合分析与评价

D. 将能源统计结果报送有关部门

2. 用能单位的能源统计与分析主要内容是能源购入贮存量、加工转换量、（ ）和节约能源量。

A. 输送分配量　　B. 最终用能　　C. 非生产用能　　D. 能源产量

3. 用能单位能源输送分配量统计包括（ ）。

A. 管道输送的能源　　B. 加工转换的能源

C. 输配电线路输送的电能　　D. 管道输送的耗能工质

4. 能源统计原始记录的要求是（　）。

A. 数据齐全　　B. 种类齐全　　C. 统一管理　　D. 准确及时

三、判断题

1. 根据用能单位能源系统确定用能单位能源统计系统边界。　（　）

2. 能源统计台账只包括统计报表台账、专项指标台账、历史资料台账。　（　）

四、分析题

给定材料：

能源原始记录是实现用能单位统计核算、会计核算和业务核算的基础，是编制能源统计报表和加强能源管理的依据。建立能源统计原始记录的意义是能源统计原始记录记载了用能单位能源活动的全部情况，一套全面、真实、系统的原始记录对用能单位经营管理有着极其重要的意义。为此，应遵循有关原则。

作答要求：

根据“给定材料”，说明能源原始记录应遵循的有关原则。

要求：有针对性，简明扼要，字数不超过150字。

第三节　能源能耗定额管理

一、单选题

1.（　）不属于能源消耗定额制定的方法。

A. SWOT分析法　　B. 技术计算法　　C. 实际测定法　　D. 统计分析法

2. 能源消耗定额制定的原则不包括（　）。

A. “定质”与“定量”相统一　　B. 先进性和合理性相统一

C. 规范性与普遍性的统一　　D. “快、准、全、好”

二、多选题

能耗定额的执行和考核主要包括（　）。

A. 能耗定额的制定　　B. 能耗定额的执行

C. 能耗定额的修订　　D. 能耗定额的考核

三、判断题

能源消耗定额需要经常修订。　（　）

四、分析题

给定材料：

能源消耗定额必须反映生产过程中的技术水平和生产组织管理水平。能源消耗定额的先进性，是指在满足工艺需要的前提下，充分考虑所能实现的各项节能措施的效果，使制定的能源消耗定额能够比已达到实际水平先进。能源消耗定额的合理性，是指定额必须是切实可行的、有科学依据的，是大多数职工经过努力可以达到的。因此，用能单位应按照本单位能源消耗的历史最高水平和现行的生产工艺状况，核定能源消耗定额。

作答要求：

根据“给定材料”，请评价这是在什么条件下的统一。

要求：准确扼要，字数不超过50字。

第四节 能源标准化管理

一、单选题

1. 能源标准按照级别分为能源国家标准、能源行业标准、能源地方标准和（ ）。

A. 能源技术标准 B. 能源管理标准 C. 企业能源标准 D. 能源使用标准

2. 根据标准制定的内容和要求应组建工作组，编制工作方案，明确分工和（ ）。

A. 调查研究 B. 综合研究 C. 落实计划 D. 统计分析

3. 能源标准的制定最后一个步骤是（ ）。

A. 标准的审批、发布和实施 B. 实施

C. 发布 D. 审批

二、多选题

1. 标准草案由相关环节的专业人员评审时，要注意标准草案的（ ）等是否符合规定。

A. 技术内容 B. 编写方法 C. 标准依据 D. 具体格式

2. 能源标准的八个类别中包括（ ）。

A. 能源的术语和图形符号 B. 能源中心管理系统

C. 用能产品的能源要求 D. 能源监测、检验、计算方法

三、判断题

依据层次清晰、划分明确、协调统一的原则，将各类能源标准纳入能源标准体系中。（ ）

第五节 节能培训管理

一、单选题

1. 节能培训的内容不包括（ ）。

A. 节能法规　B. 节能标准　C. 节能新机制　D. 业务的专业知识

2. 节能培训方法不包括（　）。

A. 课堂讲授　B. 个别交流　C. 网上学习　D. 案例研究

3. 节能培训教材包括内部培训教材和（　）。

A. 科幻教材　B. 小说文刊　C. 外部培训教材　D. 语言教材

二、多选题

制定节能培训计划遵循的原则有超前性、（　）。

A. 有效性　B. 系统性　C. 统一性　D. 灵活性

三、判断题

1. 案例研究是以开发技能为主的培训方法。（　）

2. 节能培训中的“参观学习”，是指组织员工外出考察，走出去向先进用能单位传经送宝。（　）

四、分析题

给定材料：

节能培训旨在提高员工节能意识和节能技能，使员工掌握节能法规政策、节能知识、节能技术，提高员工节能素质。用能单位应组织员工参加国家规定的各类节能培训，同时根据其所处行业特点和单位实际状况，制定符合自身的节能培训计划。节能培训计划的制定，旨在使节能培训工作规范化和制度化。

作答要求：

根据“给定材料”，简述用能单位节能培训掌握重点的四个方面。

要求：准确且有针对性，字数不超过100字。

第六节　用能单位节能规划

一、单选题

1. 在节能规划中，对管理节能、结构节能和（　）方面找出的节能措施应进行比选。

A. 设备节能　B. 工艺节能　C. 技术节能　D. 生产节能

2. 每个技术节能措施应有（　）、技术可行性、具体内容及经济效益和社会效益的分析。

A. 规范性　B. 科学性　C. 必要性　D. 合理性

3. 用能单位节能规划制定的遵循原则应涵盖用能单位发展战略、（　）及节能降耗工作等。

A. 企业文化　B. 节能方针　C. 综合指标　D. 具体措施

二、多选题

1. 用能单位节能规划内容中“发展环境”包括（ ）。

A. 外部环境　　B. 内部条件　　C. 综合分析　　D. 环境评价

2. 节能规划目标包括（ ）。

A. 单位价值量综合能耗　　B. 单位产品（或工作量）综合能耗

C. 企业节能量　　D. 节能率

三、判断题

1. 总论部分主要包括编制依据，用能单位基本情况、同期发展规划中有关节能的要求、能源消耗情况和规划的范围等内容。（ ）

2. 每个管理节能措施应有必要性、目的、要点、使用规范及达到效果方面的内容。（ ）

第七节 节能项目管理

一、单选题

1. 节能项目管理的阶段有投资前期、建设期和（ ）。

A. 设计期　　B. 发展期　　C. 成长期　　D. 节能项目运行期

2. 节能项目财务评价的静态计算中，投资节能率与节能投资率为（ ）关系。

A. 相同　　B. 相反　　C. 倒数　　D. 矛盾

二、多选题

节能项目财务评价中包含（ ）等指标的评价。

A. 资金管理　　B. 单利计算　　C. 复利计算　　D. 静态计算

三、判断题

节能项目管理的内容包含项目的定义及可行性研究、系统分析、信息管理和项目后期作。（ ）

四、计算题

某用能企业进行锅炉节能改造，共投资 80 万元，锅炉改造后，由于热效率提高，年节能量为 400tce，每吨价值 1 000 元，则锅炉改造项目的静态投资的回收期为多少？

第九章 能 效 管 理

第一节 用 能 设 备 管 理

一、单选题

1. 以下哪种设备不属于按利用能源的种类的分类方式（ ）。

A. 用电设备　　B. 用热设备　　C. 火焰加热设备　　D. 太阳能设备

2. 用能设备质量控制体系主要内容包括（ ）和制度体系及约束机制。

A. 组织保障体系　　B. 质量保障体系　　C. 综合评价体系　　D. 监督保障体系

3. 能够及时掌握设备运行状态，指导用能设备状态检修的科学管理方法是（ ）。

A. 用能设备能量平衡　　B. 用能设备点检和巡检管理制度

C. 用能设备能效对标管理制度　　D. 用能设备节能监测制度

4. 随着时间的推移，各种管理制度可能会出现一些不适应，必须进行（ ），发现问题后及时修改补充，使管理制度得到进一步的完善，以达到提升管理、节能降耗的目的。

A. 修改补充　　B. 调查调整　　C. 取证研究　　D. 检查和评价

5. 通用用能设备经济运行标准内容主要包括（ ）和经济运行指标。

A. 经济运行要求　　B. 经济运行协议　　C. 经济运行评价　　D. 经济运行效果

6. 工业锅炉经济运行技术指标综合评判级别分为（ ）个等级。

A. 1　　B. 2　　C. 3　　D. 4

二、多选题

1. 按设备的用途分，用能设备分为（ ）等。

A. 供热设备　　B. 用电设备　　C. 蒸煮设备　　D. 供配电设备

2. 用能设备的基础管理制度包括（ ）等。

A. 用能设备质量控制体系　　B. 用能设备优化运行管理制度

C. 用能设备的前期管理制度　　D. 用能设备档案管理制度

3. 用能设备经济运行是指在安全运行的前提下，通过（ ）等方法，实现用能设备单耗最低的工作状态。

A. 科学管理　　B. 技术改造

C. 遵守规程　　D. 提高操作人员素质

4. 供热管网和用热设备的管理是提高能源利用率的一个重要环节，包括供热系统的管理、（ ）、施工改造管理、等级评定管理和节能监测管理。

A. 保温管理　　B. 人员设置管理

C. 疏水阀管理　　D. 凝结水及余热回收管理

三、判断题

1. 能效管理的主要对象是用能设备，核心环节是能效对标，节能监测、能量平衡、能源审计是能效管理的主要工具。 （ ）

2. 用能设备经济运行评价制度的目的是判定现有设备是否充分发挥了作用。 （ ）

3. 用能设备的制度管理的实施步骤是制定相关制度并狠抓落实。 （ ）

四、分析题

给定材料：

用能设备使用规程主要包括用能设备的操作规程、用能设备技术状况的管理、用能设备润滑管理及用能设备运行动态管理等；用能设备维护规程主要包括用能设备的维修与保养规程、用能设备缺陷的处理等；规程的贯彻执行是指利用一系列相应的制度，监督、督促用能设备使用规程和维护规程的落实，切实按照规程操作运行。

作答要求：

根据“给定材料”，归纳用能设备的使用和维护保养制度由哪三部分内容组成。

要求：针对性强，简明扼要，字数不超过 50 个字。

第二节 节 能 监 测

一、单选题

1. 节能监测的技术条件不包括对（ ）的要求。

A. 运行工况　　B. 监测时间　　C. 监测仪表　　D. 监测人员

2. 以下哪种项目可以不列为节能监测的直接测试控制指标而列为节能监测的检查项目（ ）。

A. 具有代表性的项目　　B. 能反映实际运行状况的项目

C. 测试周期较长的项目　　D. 体现能源利用状况的项目

3. （ ）格式由行业和地方节能主管部门根据能源科学管理实际需要统一拟定、印制。

A. 单项节能监测报告　　B. 多项节能监测报告

C. 综合节能监测报告　　D. 节能监测报告

4. 以下不属于锅炉监测测试项目的是（ ）。

A. 排烟温度　　B. 排烟处过量空气系数

C. 热效率　　D. 炉体外表面温度

5. 风机、泵、电动机等监测标准的检查项目中规定了（ ）kW 及以上电动机配备电流表、电压表和电度表等计量仪表。

A. 40　　B. 45　　C. 50　　D. 55

6. 重点工序能耗监测测试项目不包括（　）。

A. 重点工序能耗　B. 合格产品产量　C. 运行时间　D. 合格产品单耗

二、多选题

1. 节能监测的内容包括（　）。

A. 用能设备的技术性能和运行状况　B. 用能工艺和操作技术

C. 用能单位能源管理技术状况　D. 供能质量与用能品种

2. 电动机监测测试项目包括（　）。

A. 电动机负载率　B. 电动机运行时间

C. 电动机运行效率　D. 电动机运行温度

三、判断题

1. 节能监测时可以调整设备运行工况便于指标达到标准要求。（　）

2. 锅炉水质对锅炉运行影响很大，因此锅炉检查项目中包含锅炉的给水和锅水的水质定期分析记录的检查。（　）

3. 供配电系统节能监测测试项目包括整流装置效率。（　）

4. 重点工序能耗监测测试合格指标的确定是合格产品单耗高于限额的为监测测试不合格，但若产品无单位产品能耗限额标准的，可不作判定。（　）

四、计算题

某玻璃生产企业1＃窑炉生产能力为500 t/d，2009年1＃窑炉平板玻璃合格产品产量350万重量箱，消耗各种能源折标准煤7万tce，GB 21340—2008《平板玻璃单位产品能源消耗限额》中规定，≤500 t/d窑炉生产的平板玻璃综合能耗限额值为≤19.5 kgce/重量箱，请问：该厂平板玻璃1＃窑炉生产工序节能监测测试是否合格？若不合格，请计算年浪费量。

第三节　企业能量平衡

一、单选题

1. 考察一个体系的输入能量与有效能量、损失能量之间的关系的管理方法为（　）。

A. 能源审计　B. 能量平衡　C. 节能监测　D. 节能检测

2. 能量平衡是考察一个体系的输入能量与（　）、损失能量之间的平衡关系。

A. 输出能量　B. 有效能量　C. 转换能量　D. 产出能量

3. 企业能量平衡的基本方法是（　）。

A. 统计计算的方法

B. 统计计算与测试计算相结合，以统计计算为主的方法

C. 测试计算的方法

D. 统计计算与测试计算相结合，以测试计算为主的方法

4. 下列不属于有效利用能量的是（ ）。

A. 输出的电能　B. 输出的机械能　C. 化学反应吸热　D. 用能设备的蓄热

5. 在输出能量中，（ ）不属于损失能量。

A. 体系排除的废热带出的能量　B. 体系对环境的散热量

C. 用能设备的蓄热　D. 离开体系的工质带走的能量

6. 用能设备（体系）的能源利用效率是指（ ）。

A. 用能设备（体系）中的损失能量与供给能量的比值

B. 用能设备（体系）中的有效利用能量与供给能量的比值

C. 用能设备（体系）中的输出能量与供给能量的比值

D. 用能设备（体系）中的转换能量与供给能量的比值

二、多选题

1. 企业用能系统按照能源流向依次划分为（ ）四个环节，以有效利用能和各类损失能形式流出系统，每一个用能环节又由若干用能单元组成。

A. 购入贮存　B. 加工转换　C. 输送分配　D. 最终使用

2. 企业能量平衡报告包含的内容包括（ ）等。

A. 企业能源消费总量　B. 企业能量平衡表

C. 能源浪费量的计算　D. 节能措施方案

3. 企业能量平衡的指标包括（ ）。

A. 单位能耗指标　B. 能源消费总量指标

C. 效率指标　D. 余能回收指标

4. 常见的损失包括（ ）等。

A. 不完全燃烧热损失　B. 排烟热损失

C. 散热损失　D. 泄漏损失

三、判断题

1. 能量平衡是考察一个体系的输入能量与产出能量、损失能量之间的平衡关系。（ ）

2. 企业能量平衡是对输入能量与输出能量在数量上的平衡关系的研究，定性分析企业用能情况。（ ）

3. 企业能量平衡是利用统计计算与测试计算相结合，以测试计算为主的综合分析方法，应以测试期内的能源计量数据为基础进行综合计算。（ ）

四、分析题

给定材料：

将企业划定为一个用能系统作为能量平衡的对象，而不是以用能设备的能量平衡作

为研究重点。即将企业能量平衡系统划分为能源购入贮存、加工转换、输送分配直至最终使用四个环节，沿着企业用能的流程进行系统平衡与分析。企业能量平衡期选为企业用能的全部期间，而不是测试时间。选用统计数据是全部运行期间的数据，而不是测试期间的典型、抽样数据。所取的工况也是实际工况而不是典型抽样工况。这在能源计量系统完善和能源管理较好的企业是可以实现的，取得可靠的、齐全的企业能源统计数据，进行企业能源综合平衡与分析，寻找节能方向，制定节能措施，实现企业用能优化调度和科学决策。

作答要求：

根据“给定材料”，请评价上述是哪一种为主的企业能量平衡方法。

要求：准确且针对性强，字数不超过 100 个字。

五、计算题

某厂锻压车间加热炉安装了一台余热锅炉，生产蒸汽供锻锤使用。测试已知：烟气量 700 m^3/h，烟气平均温度 750 ℃，烟气比热容 1.515 kJ/(m^3·℃)，炉子年运行时间 6 000 h，余热锅炉年产蒸汽量 600 t，蒸汽折标系数为 0.102 tce/t，(1 kgce=29 308 kJ)。计算余能资源利用率。

第四节 能源审计

一、单选题

1. 下列不属于能源审计的类型是（ ）。

A. 初步能源审计　B. 多项能源审计　C. 专项能源审计　D. 全面能源审计

2. 按照国家的能源法律、法规、标准规定的程序和方法对用能单位的能源利用的物理过程和财务过程进行检验、核查和分析评价的方法是（ ）。

A. 能源审计　B. 节能监测　C. 能量平衡　D. 能效对标

3. 用能单位的综合能耗不包括（ ）。

A. 主要生产系统的能耗

B. 辅助和附属生产系统的能耗

C. 非生产系统的能耗

D. 能源及耗能工作在用能单位内部贮存、转换、分配中的损耗

4. 将统计期的各年能耗分别与上一年相比，计算出逐年的节能量后，累计计算出总的节能量的计算方法为（ ）。

A. 定比法　B. 环比法　C. 累加法　D. 综合法

5. 能源审计的分析方法主要体现在（ ）环节、三个层次、八个方面和四个原理。

A. 一个　B. 二个　C. 三个　D. 四个

6. 在开展能源审计工作时，要查找用能单位各种数据的来源，需采取一定手段检查核实有关数据。以下方法不使用的是（ ）。

A. 盘存查账 B. 现场调查 C. 现场测试 D. 对标实践

二、多选题

1. 开展能源审计可以受（ ）委托。

A. 受节能行政主管部门委托 B. 受用能单位委托

C. 受节能服务机构委托 D. 受节能监察机构委托

2. 能源审计的原理包括（ ）。

A. 逐步深入原理 B. 分层嵌入原理

C. 反复迭代原理 D. 穷尽枚举原理

3. 能源审计策划与准备阶段，审计机构审计人员可采用（ ）等方式，进行信息沟通。

A. 现场宣传 B. 核查资料 C. 交流 D. 调查

三、判断题

1. 耗能工质在用能单位内部进行贮存、转换及分配供应（包括外销）中的损耗，不计入用能单位综合能耗。（ ）

2. 将统计期的各年能耗分别与上一年相比，计算出逐年的节能量后，累计计算出总的节能量的计算方法为定比法。（ ）

3. 生产过程八个方面的划分是绝对的，每一个方面都有可能直接导致能源利用效率低和能源浪费的产生。因此，对能源利用效率低和能源浪费的原因分析要针对八个方面进行。（ ）

4. 能源审计报告摘要和正文内容重复，所以可以不要摘要部分。（ ）

四、分析题

给定材料：

能源管理是用能单位管理的一项重要内容。建立和完善能源管理系统，制定并严格落实各项管理制度，对用能单位节能降耗、提高效益起着重要的作用。审计时通过座谈、查看管理文件、问询和现场查看的方式，考察有无各项能源管理文件及文件制定的合理性，根据各项能源管理文件跟踪每一项管理活动，了解有关人员理解和贯彻执行的情况。

作答要求：

根据“给定材料”，它是用能单位能源管理状况审计的工作思路，其审计包括哪几方面。

要求：简明扼要，字数不超过100个字。

第五节 能效对标

一、单选题

1. 按标杆类型分类，能效对标不包括（ ）。

A. 内部对标　　B. 全面对标　　C. 竞争性对标　　D. 一般性对标

2. 开展能效对标工作，要确定一个目标，建立（ ）数据库，构建三个体系。

A. 一个　　B. 两个　　C. 三个　　D. 四个

3. 在开展能效对标工作之前，要确定对标工作的目标。企业通过各种手段，对自身用能现状进行深入分析对比，发现问题，制定合理的对标周期、对标范围、（ ）、对标目标和能效对标改进目标值。

A. 对标格式　　B. 对标方式　　C. 对标计划　　D. 对标基准

4. 能效对标需要构建的三个体系不包括（ ）。

A. 指标体系　　B. 质量保障体系　　C. 组织管理体系　　D. 综合评价体系

5. 能效对标管理机构不包括（ ）。

A. 领导机构　　B. 协调机构　　C. 测试机构　　D. 执行机构

6. 能效对标管理是一个（ ）管理过程。

A. 动态开环　　B. 动态闭环　　C. 静态开环　　D. 静态闭环

二、多选题

1. 能效对标指标体系包括（ ），以及适用不同企业的对标基准值确定方法等。

A. 指标的定义　　B. 统计口径

C. 计算公式　　D. 主要影响因素和改进分析

2. 能效对标管理制度包括（ ）。

A. 信息报送制度　　B. 学习交流制度

C. 目标考核制度　　D. 信息公告制度

3. 能效对标的实施步骤主要包括（ ）等。

A. 现状分析　　B. 选定标杆　　C. 对标评价　　D. 持续改进

三、判断题

1. 能效标杆是用能单位参照同类可比活动，可得的最佳能源利用水平和最佳节能实践。（ ）

2. 在开展能效对标工作之前，要确定对标工作的目标。企业通过各种手段，对自身用能现状进行深入分析对比，发现问题，制定合理的对标周期、对标范围、对标基准、对标目标和能效对标改进目标值。（ ）

3. 建立两个数据库是企业开展能效对标活动的实施内容之一。（ ）

4. 企业为更加有效地开展能效对标工作，要建立的体系包括能效对标运行控制体系。（ ）

5. 企业开展能效对标工作所遵循的基本步骤包括学习交流。 （ ）

四、分析题

给定材料：

能效对标是一种行之有效的管理方法，该工作能否顺利开展并最终取得实效的关键是最高管理者对该项工作表示认可。在能效对标工作的实际开展过程中，必须对专业名词、术语等内容进行准确有效的定义和理解。企业应建立起系统、规范的能效对标管理流程，在管理实践中形成自己独特的能源管理模式，建立起长效的信息收集沟通机制，发动企业普通员工积极参与能效对标活动，达到强化自身管理绩效水平，提高核心竞争力，最终实现经济节能，持续节能，和谐节能的目的。

作答要求：

根据“给定材料”，简述能效对标工作的实施条件有哪些方面。

要求：简明扼要，字数不超过100个字。

第十章 监 管 制 度

第一节 能源利用状况报告制度

一、单选题

1. 能源利用状况报告按年度编报。各重点用能单位应在每年（ ）月底前，将上一年度的能源利用状况报告报送当地节能行政主管部门。

A. 1月　　B. 2月　　C. 3月　　D. 4月

2. 能源利用状况报告的填报主体有：年综合能源消费总量1万tce以上的用能单位以及国务院有关部门或者省、自治区、直辖市人民政府管理节能工作的部门指定的年综合能源消费总量（ ）tce以上不满1万tce的用能单位。

A. 3 000　　B. 4 000　　C. 5 000　　D. 6 000

3.《中华人民共和国节约能源法》第八十二条规定：重点用能单位未按照本法规定报送能源利用状况报告或者报告内容不实的，由管理节能工作的部门责令限期改正；逾期不改正的，处（ ）罚款。

A. 一万元以上四万元以下

B. 二万元以上五万元以下

C. 一万元以上五万元以下

D. 二万元以上四万元以下

4. 在能源消费结构表中逻辑关系错误的是（ ）。

A. 消费合计＝工业生产消费＋非工业生产消费

B. 加工转换投入合计≥工业生产消费

C. 工业生产消费≥用于原材料消费

D. 消费合计≥运输工具消费

5. 下面关于综合能源消费量的描述错误的是（ ）。

A. 指报告期内用能单位在工业生产活动中实际消费的各种能源的总和净值

B. 能源加工转换企业，综合能源消费量的计算公式为：能源消费总量＝工业生产消费的能源合计−能源加工转换产出合计＋回收利用折标量合计

C. 根据电力的等价、当量折标系数的不同，综合能源消费量分为等价值和当量值两种

D. 能源加工转换企业，综合能源消费量的计算公式为：能源消费总量＝工业生产消费的能源合计−能源加工转换产出合计−回收利用折标量合计

6. 对所有类型的重点用能单位，凡属于年节能量（ ）tce及以上的，报告期内完成

的和正在实施的节能改造项目，均应填报节能技术改造项目情况表。

A. 300　　B. 400　　C. 500　　D. 600

二、多选题

1. 对重点用能单位报送的能源利用状况报告的审查内容包括其（　）等方面。

A. 合理性　　B. 对应性　　C. 完整性　　D. 真实性

2. 对能源利用状况报告的审核通常使用（　）基本方法进行。

A. 观察判断法　　B. 实地考察法　　C. 逻辑分析法　　D. 现场询问法

3. 能源利用状况报告编制的基本要求是填报内容要（　），上报要及时。

A. 全面　　B. 真实　　C. 突出　　D. 客观

4. 能源利用状况报告内容主要包括（　）等。

A. 能源消费情况　　B. 能源利用效率

C. 节能目标完成情况　　D. 节能技改项目情况

三、判断题

1. “十二五”万家低碳行动企业包括工业、交通运输仓储和邮政业、住宿和餐饮业、批发和零售业、教育 5 个领域。（　）

2. 能源利用状况报告采用网上直报方式进行填报，因此填报人员只要具有一定的电脑操作技能即可。（　）

3. 企业的“能源消费结构表”填报的内容完全相同。（　）

4. “进度节能量目标完成情况表”中节能量按定比计算。（　）

四、分析题

给定材料：

实施重点用能单位能源利用状况报告制度，是国家对重点用能单位能源利用状况进行跟踪、监督、管理、考核的重要方式，对加强和改善重点用能单位节能监管、提高能源利用效率、实现节能目标具有重要意义。重点用能单位应当每年向管理节能工作的部门报送上年度的能源利用状况报告，包括：消费的能源种类、数量、在什么环节使用；反映能耗高低和用能水平的指标；是否完成了与上级节能行政主管部门签订的节能目标，节能目标完成的真实情况，完成的比例是多少，完成情况的原因分析；各项目节能投入成本与节能所产生的效益之间的比较、分析；用能单位采取哪些节能管理措施、节能技术改造措施，效果如何等内容。

作答要求：

根据“给定材料”，简述能源利用状况报告的内容。

要求：简明扼要，字数不超过 100 个字。

第二节 节能评估和审查制度

一、单选题

1. 节能评估和审查应遵循（ ）、合理的原则，提高固定资产投资项目合理用能决策的科学性和民主性。

A. 公开、公正　　B. 公正、公平
C. 公开、公平　　D. 公正、公开、公平

2. 固定资产投资项目年综合耗能量在（ ）tce 及以上的固定资产投资项目，应当编制固定资产投资项目节能评估报告书。

A. 1 000　　B. 2 000　　C. 3 000　　D. 5 000

3. 固定资产投资项目年电力消费量高于 200 万千瓦时低于（ ）万千瓦时，应当编制固定资产节能评估报告表，对固定资产投资项目的耗能和合理用能状况进行分析或者专项论述。

A. 300　　B. 400　　C. 500　　D. 600

4. 山东省规定：钢铁、电解铝、铜冶炼、铁合金、电石、焦炭、水泥、煤炭、电力等行业的新、改、扩建项目和年综合能耗（ ）tce 以上的项目，必须进行节能评估审查。

A. 1 000　　B. 2 000　　C. 3 000　　D. 5 000

5. 节能评估的方法不包括（ ）。

A. 政策导向判断法　　B. 能量平衡分析法
C. 清洁生产审核法　　D. 专家经验判断法

6. 下列不属于节能审查的内容是（ ）。

A. 评估依据适用性　　B. 节能措施经济性
C. 评估结论正确性　　D. 节能措施合理性

二、多选题

1. 节能评估和审查的管理内容包括（ ）。

A. 项目审批、核准或者备案前的节能评估和审查
B. 项目建设过程中的监督检查
C. 项目建成后的节能验收
D. 项目实施后的经济运行

2. 必须进行节能审查的固定资产投资项目包括（ ）。

A. 出具节能评估报告书的项目　　B. 出具节能评估报告表的项目
C. 填报节能备案登记表的项目　　D. 全部项目

3.《山东省节约能源条例》规定，下列不得审查通过的工业固定资产投资项目包括（ ）。

A. 使用国家和省明令淘汰的生产工艺、用能设备的

B. 未全部使用节能型灯具和节能型电机的

C. 用能设备不符合强制性能源效率标准的

D. 产品不符合单位产品能耗限额标准的

三、判断题

1. 我国对固定资产投资项目实行节能评估和审查制度。（ ）

2. 节能评估和审查制度是固定资产投资项目审批、核准或备案的前置条件。（ ）

3.《中华人民共和国节约能源法》规定固定资产投资项目未进行节能审查或未通过节能审查的，一律不得审批、核准，更不得开工建设。（ ）

4. 固定资产投资项目年综合耗能量在 5 000 tce 及以上的固定资产投资项目，应当编制固定资产投资项目节能评估报告书。（ ）

四、分析题

给定材料：

《中华人民共和国节约能源法》规定“国家实行固定资产投资项目节能评估和审查制度。不符合强制性节能标准的项目，依法负责项目审批或者核准的机关不得批准或者核准建设；建设单位不得开工建设；已经建成的，不得投入生产、使用。”审批、核准或者备案前的节能评估和审查是从源头控制项目的节能准入关。项目建设过程中的监督检查是对项目建设过程中落实节能评估和审查意见，落实节能标准和设计规范、落实节能措施的过程监督，确保节能措施和节能标准得到有效实施。项目建成后的节能验收是对项目前期节能评估和审查的后评价，是对已经完成的建设项目的节能目标、执行过程、节能效果、作用和影响所进行的系统客观的分析。

作答要求：

根据“给定材料”，简述节能评估和审查的管理内容。

要求：简明扼要，字数不超过 100 个字。

第三节 能耗限额制度

一、单选题

1. 以下哪项与实行能耗限额制度无关（ ）。

A. 依法进行节能监管　　B. 运用市场机制调整产业结构

C. 限制高耗能行业发展　　D. 提高各级领导对节能工作的重视程度

2. 省、自治区、直辖市可制定（ ）国家标准、行业标准的地方能耗限额标准。

A. 宽于 B. 严于 C. 相当于 D. 等同于

3. 能耗限额标准中强制性指标是（ ）。

A. 现有行业能耗限额限定值和新建项目的能耗限额准入值

B. 单位产品能耗限额先进值和限额限定值

C. 现有行业能耗限额限定值和限额先进值

D. 新建项目的能耗限额准入值和单位产品能耗限额先进值

4. 生产单位超过单位产品能耗限额标准用能的法律责任不包括（ ）。

A. 限期治理 B. 罚款 C. 责令停业整顿 D. 关闭

5. 至2012年底，国家制定或修订了54项涉及火力发电、钢铁、有色金属、（ ）、石油化工和煤碳工业等高能耗行业的强制性单位产品能耗限额标准。

A. 纺织 B. 建材 C. 造纸 D. 酿酒

6. 对能耗限额的节能监察内容不包括（ ）。

A. 用能单位执行能耗限额标准情况

B. 主要耗能行业单位产品能耗执行预警调控制度的情况

C. 超能耗限额的用能单位落实整改计划的情况等内容

D. 用能单位制定企业能耗定额情况

二、多选题

1. 能耗限额标准包含的内容有（ ）。

A. 技术要求 B. 统计范围 C. 计算方法 D. 节能措施

2. 以下哪些活动应用能耗限额标准（ ）。

A. 节能监察 B. 能源审计

C. 节能评估 D. 推进能效对标活动

3. 用能单位对能耗限额标准的执行应采取的措施包括（ ）。

A. 加强能耗的计量工作

B. 加强能耗统计工作

C. 做好单位产品能耗限额的分解考核工作

D. 采取一切手段使检查过关

三、判断题

1. 在执行单位产品能耗限额标准时，国家标准和地方标准同时存在的，必须执行国家标准。 （ ）

2. 国家能耗限额标准是强制性标准，分三个层次对耗能行业提出要求，其中现有行业能耗限额限定值指标、新建用能单位能耗限额准入值指标、单位产品能耗限额先进值都是强制性要求。 （ ）

3. 生产单位超过单位产品能耗限额标准用能的法律责任包括罚款。 （ ）

4. 国家未制定能耗限额标准的或宽于国家能耗限额标准的执行地方能耗限额标准。 （ ）

四、分析题

给定材料：

节能行政主管部门或者其依法授权（委托）的机构（节能监察机构）通过日常监察、专项监察等形式对生产单位耗能产品执行能效限值标准的情况进行监督检查，督促、帮助被监察单位加强节能管理、提高能源利用效率，并对违法行为依法予以处理。

节能监察机构应对用能单位执行单位产品能耗限额情况进行现场监察，核查能源消耗及合格产品产量，依据标准对相关数据进行现场检测，计算出单位产品能耗值，判断是否超出能耗限额标准。

按照《山东省节约能源条例》的有关规定，节能监察机构根据节能行政主管部门制定的主要耗能行业单位产品能耗预警控制规定，对超出预警控制线的产品用能，督促生产单位在规定的期限内采取措施，降低能耗；对逾期仍超出预警控制线的，按照政府制定的具体办法，对生产单位采取调控措施。

作答要求：

根据“给定材料”，请你总结出能耗限额制度执行情况专项监察的内容。

要求：简明扼要，字数不超过100个字。

第四节 淘汰落后制度

一、单选题

1. 淘汰落后制度指（ ）停止生产、销售、进口和使用严重浪费资源（能源）、污染环境、不具备安全、环保生产条件的生产能力、工艺、技术、设备等制度。

A. 立刻　　B. 在规定的期限内

C. 设备损坏后　　D. 无规定期限

2. 以下不属于实施淘汰落后制度的工作原则的是（ ）。

A. 坚持依法推动原则　　B. 坚持扶优与劣汰相结合的原则

C. 坚持勤俭节约原则　　D. 坚持科学发展原则

3. 实施淘汰落后制度的工作措施不包括（ ）。

A. 严格市场准入　　B. 加强目标考核

C. 加大执法处罚力度　　D. 完善政策激励机制

4. 依据《中华人民共和国循环经济促进法》，使用列入淘汰名录的技术、工艺、设备、材料的，由县级以上地方人民政府循环经济发展综合管理部门责令停止使用，没收违法使用的设备、材料，并处（ ）的罚款。

A. 五万元以上十万元以下 B. 五万元以上二十万元以下

C. 十万元以上二十万元以下 D. 十万元以上三十万元以下

5. 各级节能监察机构依据法律法规规定，对淘汰落后设备（产品）和工艺停止生产和淘汰情况进行节能监察，不符合的法律依据是（ ）。

A.《中华人民共和国节约能源法》 B.《中华人民共和国循环经济促进法》

C.《产业结构调整指导目录》 D.《中华人民共和国清洁生产促进法》

6. 以下哪项不是对实施淘汰落后制度进行专项节能监察的内容（ ）。

A. 用能单位仍在使用国家明令淘汰的用能产品的情况

B. 用能单位落实淘汰制度或者改造计划的情况

C. 用能单位执行预警调控制度的情况

D. 用能单位仍在使用地方明令淘汰的、落后的和耗能过高的用能生产工艺的情况

二、多选题

1. 淘汰落后制度是指对严重浪费资源（能源）、环境污染、不具备安全、环保生产条件的落后生产能力、（ ），由国务院管理节能工作的部门会同国务院有关部门制定并公布名录和期限，由县级以上人民政府的节能行政主管部门会同有关部门监督各生产者、销售者、进口者和使用者在规定的期限内停止生产、销售、进口和使用的法律制度。

A. 工艺 B. 技术 C. 工序 D. 设备

2. 淘汰落后制度包含的工作内容有（ ）。

A. 确定目标任务 B. 分解落实目标任务

C. 现场验收 D. 对关停并转企业的职工进行妥善安置

3. 淘汰落后制度的工作措施包括（ ）。

A. 严格市场准入 B. 充分运用宏观调控机制

C. 加大执法处罚力度 D. 加强监督检查

三、判断题

1. 淘汰落后制度的工作原则不包括坚持促进可持续发展的原则。 （ ）

2. 使用国家明令淘汰的用能设备或生产工艺的，可采取罚款的法律措施。 （ ）

四、分析题

给定材料：

淘汰落后制度的工作原则的内容有如下六个方面：

（1）淘汰落后工作必须全面贯彻党的十八大精神，以邓小平理论和“三个代表”重要思想为指导，深入贯彻落实科学发展观，按照保增长、扩内需、调结构的要求实施。

（2）要正确处理当前与长远、局部与整体的关系，通过执行淘汰落后制度，转变经济发展方式，促进节约发展、清洁发展、安全发展和可持续发展。

(3) 根据不同行业、不同地区、不同企业的具体情况，分类指导，有保有压。坚持扶优与劣汰结合，升级与淘汰落后结合，兼并重组与关闭破产结合，发挥市场作用，努力营造有利于落后产能退出的市场环境。

(4) 淘汰落后工作是一项政策性很强的工作，必须以国家有关法律、法规为依据，严格依法办事。要坚持依法行政，充分发挥法律、法规的约束和技术标准的门槛作用，依法淘汰落后产能。同时，要落实目标责任，充分发挥各级、各有关职能部门的作用，发挥舆论的监督与导向作用，发挥典型的引导作用，形成工作合力，共同推动工作的开展。

(5) 坚持增量发展与存量发展相结合，统筹考虑淘汰落后、产业升级、职工就业、企业转产、债务化解和经济发展等一系列问题，促进社会和谐稳定。

(6) 必须采取更加有力的措施，综合运用法律、经济、技术及必要的行政手段，来加快淘汰落后产能工作。

作答要求：

根据“给定材料”，请你由六个方面内容总结出淘汰落后制度对应的六个工作原则。

要求：简明扼要，字数不超过100个字。

第五节　节能考核与奖惩制度

一、单选题

1. 以下哪个不是节能考核与奖惩制度的原则（ ）。

A. 科学合理　　B. 实事求是　　C. 奖惩分明　　D. 一分为二

2. 考核结果为完成和超额完成等次的计分标准是（ ）。

A. 60分以上　　B. 70分以上　　C. 80分以上　　D. 85分以上

3. 对市级人民政府节能目标责任考核中能够确定为未完成等级的指标是（ ）。

A. 未完成万元GDP能耗目标

B. 未完成规模以上工业万元增加值能耗目标

C. 未完成万元GDP电耗目标

D. 未完成万元GDP取水指标目标

4. 对重点耗能企业节能目标责任考核中能够确定为未完成等级的指标是（ ）。

A. 使用国家明令淘汰的产品　　B. 单位产品能耗指标超限额

C. 未完成节能量目标　　D. 能源计量器具配备不齐全

5. 需要在评价考核结果公告后一个月内提出整改措施报签定目标责任书的人民政府，限期整改的考核结果是（ ）等级。

A. 超额完成　　B. 完成　　C. 基本完成　　D. 未完成

6. 节能目标责任考核结果为未完成等级的用能单位，应在评价考核结果公告后（ ）

内提出整改措施报签订目标责任书的人民政府，限期整改。

A. 半个月　　B. 一个月　　C. 两个月　　D. 三个月

二、多选题

1. 对于哪个考核等级，政府予以表彰奖励（　）。

A. 超额完成　　B. 完成　　C. 基本完成　　D. 未完成

2. 用能单位节能自查报告中，节能工作组织和领导情况包括（　）。

A. 节能领导小组组成情况

B. 研究部署节能工作情况

C. 设立能源管理岗位情况

D. 能源管理负责人的能源管理师资格情况

3. 用能单位节能自查报告中，节能法律、法规执行情况包括（　）。

A. 用能单位贯彻执行节能法律、法规、规章及政策情况

B. 用能单位执行高耗能产品能耗限额标准情况

C. 用能单位实施主要用能设备能耗定额管理制度

D. 新、改、扩建项目执行节能设计规范和用能标准情况

三、判断题

1. 政府仅对于超额完成节能目标责任考核结果等次，予以表彰奖励。（　）

2. 实施节能考核与奖惩制度的程序之一包括限期整改等。（　）

3. 节能目标责任考核结果为未完成等级的用能单位，应在评价考核结果公告后三个月内提措施报签订目标责任书的人民政府，限期整改。（　）

4. 对重点耗能企业节能目标责任考核中，能够确定为未完成等级的指标是未完成节能量目标。（　）

四、分析题

给定材料：

下面是国家对重点用能单位节能目标责任考核评价“节能措施”的具体内容：

(1) 节能领导小组组成及研究部署节能工作情况，设立能源管理岗位情况，能源管理负责人的能源管理师资格情况。

(2) 节能目标分解落实基本情况，开展节能目标考评情况，开展节能奖惩情况。

(3) 建立能源管理体系建设运行情况，组织参加能源管理师考试、开展节能培训和节能宣传教育情况，开展能源统计情况，能源计量器具配备情况，执行能源利用状况报送制度情况；实行能源审计、监测情况，编制实施“十二五”节能规划和年度计划情况，开展能效对标情况；建立健全节能激励约束机制情况，节能管理其他工作情况。

(4) 安排专门资金用于节能技术进步等工作，制定实施年度节能技术改造计划情况，研发和应用节能技术、产品和工艺情况，淘汰落后产能和落后用能设备、生产工艺情况，

采用合同能源管理模式实施节能改造，利用地热能、太阳能等可再生能源等情况。

（5）贯彻执行节能法律、法规规章及政策情况，执行能耗限额标准情况，新、改、扩建项目执行节能评估审查制度情况等。

作答要求：

根据“给定材料”，请你归纳出对应五个“节能措施”的考核内容。

要求：准确并符合重点用能单位节能目标责任考核评价内容，字数不超过100个字。

第十一章　能源管理体系

一、单选题

1. 能源管理体系工作小组成立后，需及时编制建立能源管理体系工作计划，以保证能源管理体系的建立工作按一定的程序和步骤进行。工作计划可以不包括（　）。

A. 工作进度　　B. 参与部门　　C. 投入资金　　D. 负责人

2. 能源管理体系的范围是由（　）确定的。

A. 管理层　　B. 最高管理者　　C. 决策层　　D. 执行层

3. 最高管理者应对建立、实施、保持和持续改进能源管理体系作出承诺。以下哪个不属于承诺范围（　）。

A. 执行适用的法律法规、标准及其他要求并在组织内贯彻实施

B. 制定和实施能源方针和目标，并作为组织的发展方向和战略目标的组成部分

C. 确保配备能源管理体系所需的适宜资源

D. 进行内部审核

4. 评价能源管理体系实施和运行的符合性和有效性的活动是以下哪项活动（　）。

A. 能源评审　　B. 内部审核　　C. 管理评审　　D. 识别评价能源使用

5. 企业对其本身的能源管理行为及能源利用状况进行全面、综合的调查与分析的过程是（　）。

A. 能源评审　　B. 内部审核　　C. 管理评审　　D. 识别评价能源使用

6. 评审能源管理制度的原则不包括（　）。

A. 文件的系统性　　B. 文件的重要性　　C. 文件的可操作性　　D. 文件的适宜性

7. 获取法律法规和其他要求的程序不包括（　）。

A. 收集和获取　　B. 识别和评价　　C. 传递和更新　　D. 登记和建档

8. 评审能源利用现状不包括（　）。

A. 能量平衡分析　　B. 设备效率计算　　C. 能源审计　　D. 能源成本分析

9. 以下哪个不是指标框架体系建立的原则（　）。

A. 科学性　　B. 全面性　　C. 独特性　　D. 代表性

10. 下列不需要量化表达的是（　）。

A. 能源方针　　B. 能源目标　　C. 能源指标　　D. 过程参数

11. 能源管理实施方案不包括（　）。

A. 方案概况　　B. 经济效益分析

C. 能量平衡分析　　D. 施工进度及职责分工

12. 能源方针是由企业最高管理者正式发布的降低能源消耗、提高能源利用效率的宗

旨和方向。建立能源方针可以不考虑（ ）。

A. 适应于本企业的发展战略、经营管理方针

B. 体现遵守法律法规、标准及其他要求

C. 表明提高能源利用效率的目的

D. 上级管理部门下达的任务

13. 能源管理体系指标框架建立的原则不包括（ ）。

A. 科学性　B. 全面性　C. 前瞻性　D. 代表性

14. 能源管理体系中资源管理不包括（ ）。

A. 人力资源　B. 人脉资源　C. 资金　D. 设施设备

15. 在能源管理体系建设过程中，不属于提高全员节能意识和主动性的方法是（ ）。

A. 目标指标分解与考核　B. 制定奖惩规定

C. 节能宣传　D. 锅炉改造

16. 在能源管理体系实施过程中，能源管理体系文件没有完全达到能源管理体系标准的要求或相关法律法规及其他要求，这种问题属于以下哪种不符合（ ）。

A. 体系性不符合　B. 实施性不符合　C. 效果性不符合　D. 结果不符合

17. 体系文件培训的对象不包括（ ）。

A. 新员工　B. 转岗员工　C. 下岗员工　D. 后备人才

18. 能源管理体系内部审核的前期策划工作不包括（ ）。

A. 确定内部审核　B. 组建内部审核小组

C. 收集并审阅相关文件　D. 编制检查表

19. 能源管理体系内审信息收集与验证不包括下列方法（ ）。

A. 面谈　B. 现场观察　C. 现场测试　D. 查阅文件记录

20. 能源管理体系的管理评审的输出不包括对体系的（ ）的评价。

A. 充分性　B. 有效性　C. 全面性　D. 适宜性

二、多选题

1. 工作小组成立后，需及时编制建立能源管理体系工作计划，以保证能源管理体系的建立工作按一定程序和步骤进行。该计划包括（ ）。

A. 工作内容　B. 工作进度　C. 参与部门　D. 负责人

2. 对企业能源消耗的统计状况进行评审时，应从能量流动过程的（ ）环节进行。

A. 购入贮存　B. 加工转换　C. 输送分配　D. 最终使用

3. 评审能源利用现状主要有以下几方面（ ）。

A. 能量平衡分析　B. 主要用能设备效率的计算分析

C. 核算能耗指标　D. 财务成本分析

4. 岗位能力评价主要从（ ）方面来考虑。

A. 培训　B. 学习　C. 经验　D. 技能

5. 能源管理体系建立中能源使用识别的方法有（　）。

A. 能源审计　　B. 物料平衡　　C. 能量平衡　　D. 能源监测

6. 体系文件培训的范围包括（　）。

A. 决策层　　B. 管理层　　C. 执行层　　D. 内审员

7. 能源管理体系全过程控制包括（　）。

A. 信息与沟通　　B. 纠正和预防　　C. 运行控制　　D. 监视与测量

8. 实施现场内部审核的工作包括（　）等。

A. 召开首次会议　　B. 信息收集与验证

C. 准备审核结论　　D. 举行末次会议

9. 能源管理体系的实施过程中发现的不符合主要包括（　）。

A. 体系性不符合　　B. 实施性不符合　　C. 效果性不符合　　D. 结果不符合

10. 能源管理体系中，需要进行有效性改进的方面包括以下哪些内容（　）。

A. 管理职责　　B. 资源管理　　C. 过程控制　　D. 能源方针

三、判断题

1. 属于企业能源管理体系资源管理范围的是资金和节能技术。（　）

2. 企业要不断改进和完善体系文件，使其逐步上升为企业的节能基础标准、节能管理标准、节能技术标准、节能工作标准。（　）

3. 企业实施能源管理体系的边界是由最高管理者确定的。（　）

4. 资金管理是财务部门的事，与能源管理体系无关。（　）

5. 能源管理体系建设与能源审计工作是完全不同的方法，不能同时进行。（　）

四、分析题

给定材料：

能源管理体系管理评审的目的是确保能源管理体系持续的适宜性、充分性和有效性。管理评审通常以召开管理评审会议的方式进行，由各相关部门的责任人准备管理评审。输入的有关资料在会议上进行报告，由最高管理者主持评审。管理评审会议由最高管理者主持，企业管理层以及有关部门负责人和有关人员参加并签到。按照会议安排，进行有关专题的汇报、建议的提出，并展开讨论和评审。最高管理者针对管理评审提出的问题、建议，组织讨论，做出解决问题的决定或措施，作为管理评审会议的决议。会议应有专人进行记录，记录人应收集评审人员的发言资料。能源管理体系管理评审的输出包括对体系的适宜性、充分性和有效性的评价，制定切实可行的措施，进一步完善能源管理体系。

作答要求：

根据“给定材料”，请评价能源管理体系管理评审的作用。

要求：准确、针对性强，字数不超过100个字。

第十二章　国外节能政策与实践

本章为自学内容，请读者自行学习。

第十三章　合同能源管理

一、单选题

1. 合同能源管理的特点包括：节能更专业；技术更先进；节能率高；节能量有保证；用户零投资或部分投资；项目投资回收期短；用户风险性低；改善现金流；提升竞争力；（　）。

A. 节能效果好　　B. 节能措施有力　　C. 管理更科学　　D. 机制完善

2. 合同能源管理是指节能服务公司与用能单位以契约形式约定（　），节能服务公司为实现节能目标向用能单位提供必要的服务，用能单位以节能效益支付节能服务公司的投入及其合理利润的节能服务机制。

A. 节能项目的节能目标　　B. 节能项目的节能量

C. 节能项目的节能效果　　D. 节能项目的节能方式

3. 用能单位不需要投资或部分投资的节能机制是（　）。

A. 合同能源管理　　B. 电力需求侧管理

C. 节能自愿协议　　D. 节能产品认证

4. （　）是在项目期内用户和节能服务公司双方分享节能效益的合同类型。

A. 节能效益分享型　　B. 节能量保证型

C. 能源费用托管型　　D. 节能设备租赁型

5. 节能量保证型合同能源管理是用户提供全部或部分项目资金，节能服务公司向用户提供节能服务并承诺保证项目（　）的合同类型。

A. 节能量　　B. 节能效果

C. 节能量和节能效果　　D. 节能率

6. 节能服务公司是按照（　）为用能单位提供能源效率改进服务的专业化公司。

A. 合同能源管理　　B. 电力需求侧管理

C. 节能自愿协议　　D. 清洁生产审核

7. 节能量计算方法包括：设备性能比较法、能源消耗比较法、（　）和模拟分析法。

A. 综合指标比较法　　B. 综合能耗比较法

C. 产品单耗比较法　　D. 产品定额比较法

8. 对于负荷变化较大、生产品种单一的用能场合，最合适的节能量计算方法为（ ）。

A. 设备性能比较法　　B. 能源消耗比较法
C. 产品单耗比较法　　D. 模拟分析法

9. 节能设备租赁型合同能源管理是融资公司投资购买节能服务公司的（ ），并租赁给用户使用，根据协议定期向用户收取租赁费用。

A. 节能设备　B. 节能服务　C. 节能设备和服务　D. 节能技术

10.（ ）节能服务公司拥有特定行业的用户资源优势，以所掌控的用户资源整合相应的节能技术和节能产品来实施节能项目。

A. 资金依托型　B. 技术依托型　C. 市场依托型　D. 产品依托型

11. 合同能源管理节能量的计算方法中，（ ）适合于负荷输出较恒定、种类较单一的场合。

A. 设备性能比较法　　B. 能源消耗比较法
C. 产品单耗比较法　　D. 模拟分析法

二、多选题

1. 合同能源管理的类型有（ ）。

A. 节能效益分享型　　B. 节能量保证型
C. 能源费用托管型　　D. 节能设备租赁型

2. 节能服务公司的类型有（ ）。

A. 资金依托型　B. 技术依托型　C. 市场依托型　D. 人才依托型

3. 节能量计算方法包括（ ）等。

A. 设备性能比较法　　B. 能源消耗比较法
C. 技术工艺比较法　　D. 产品单耗比较法

4. 合同能源管理的政策支持包括（ ）。

A. 给予资金扶持　　B. 加大财税政策支持力度
C. 完善相关会计制度　　D. 发挥行业组织的服务

三、判断题

1. 节能效益分享型是在项目期内用户和节能服务公司双方分享节能效益的合同类型。（ ）

2. 用户零投资或部分投资是合同能源管理的典型特征之一。（ ）

3. 节能服务公司运用合同能源管理机制实施节能项目，主要采用资金依托型和技术依托型两种方式开展工作。（ ）

4. 节能服务公司为用户提供节能项目的节能量保证，并与用户共同监测和确认节能项目在项目合同期内的节能效果。（ ）

四、分析题

给定材料：

本案例是绿色照明合同能源管理项目。一超市委托某节能服务公司出资对5 300 m^2超市进行照明系统节电改造和运行管理，改造内容是用T5型电子镇流器荧光灯2 618只，替换T8电感镇流器荧光灯，同时使用6台智能节电器，改善照明灯具供电电源。项目投资20万元，双方约定将该照明系统的能源费用交节能服务公司管理，托管期为5年，节能服务公司依此费用收回投资。项目完成后形成年节电21.49万kW·h的节电能力，实现节电率为28%，年获综合经济效益46.55万元，形成49 t/a的二氧化碳、1.5 t/a二氧化硫、1.2 t/a总悬浮颗粒物减排能力。

作答要求：

根据“给定材料”，说明该项目属合同能源管理的哪一类型，这一类型用户与节能服务公司的操作方式和项目简单投资回收期多少年。

要求：准确，简明扼要，字数不超过150个字。

第十四章　电力需求侧管理

一、单选题

1. 电力需求侧管理是指通过（　）终端用电效率和优化用电方式，在完成同样用电功能的同时减少电量消耗和电力需求。

A. 降低　　B. 提高　　C. 减少　　D. 稳定

2. 下列不是电力需求侧管理措施的是（　）。

A. 法律措施　　B. 技术措施　　C. 安全措施　　D. 引导措施

3. 在实施电力需求侧管理过程中，起主导作用和发挥主体作用的分别是（　）。

A. 电力部门、政府　　B. 政府、电力部门

C. 用户、电力部门　　D. 政府、用户

4. 电力负荷转移是移峰填谷，即把负荷从高峰时段转向（　）时段。

A. 平峰　　B. 低峰　　C. 谷底　　D. 非峰

5. 电力需求侧管理提高用户终端用电效率为目的的能效管理分为两个方面，一是选用先进技术和高效设备，二是实行（　）。

A. 移峰填谷　　B. 节约用电　　C. 科学管理　　D. 法律措施

6. 电力需求侧管理包括（　）和能效管理两种方法。

A. 差别电价　　B. 移峰填谷　　C. 电力管理　　D. 负荷管理

7. 电力需求侧管理中的负荷管理主要采用降压减负荷、对用户可控负荷进行周期性控制和（　）等三种方式。

A. 直接切除用户负荷　　B. 降压增负荷

C. 直接切除用户可控负荷　　D. 移峰填谷

8. 电力需求侧管理的措施主要有法律措施、经济措施、（　）、管理措施和引导措施。

A. 验收措施　　B. 整体评价措施　　C. 政策措施　　D. 技术措施

9. 负荷整形的主要方式有（　）等三种。

A. 削峰、填谷、电力负荷转移　　B. 蓄冷、蓄热、调整轮休制度

C. 能源替代、分时电价、移峰填谷　　D. 负荷抬高、柔性负荷、无功补偿

二、多选题

1. 电力需求侧管理给（　）带来效益。

A. 社会　　B. 电力用户　　C. 供电企业　　D. 发电企业

2. 电力需求侧管理的措施包括（　）。

A. 法律措施　　B. 经济措施　　C. 技术措施　　D. 行政措施

3. 电力需求侧管理两种方法是（　）。

A. 负荷管理　　B. 分时电价　　C. 能效管理　　D. 系统管理

4. 引起项目风险的不确定因素有（ ）

A. 技术上的不确定性　　B. 经济不确定性

C. 市场不确定性　　D. 瞬时不定性

三、判断题

1. 电力需求侧管理的开展，离不开政府、电力公司、用户和中介服务部门等各方的作用。（ ）

2. 为了促进用户移峰填谷，降低电网高峰负荷，峰谷电价的价差越大越好。（ ）

3. 法律措施是电力需求侧管理健康发展的保障。（ ）

4. 负荷管理主要是节约电量。（ ）

第十五章 节能自愿协议

一、单选题

1. 节能自愿协议具有导向性、（ ）、公开性的特点。

A. 基础性、约束性、责任性

B. 基础性、广泛性、责任性

C. 自愿性、约束性、先进性

D. 基础性、约束性、先进性

2. 节能自愿协议具有灵活性好、适用性强、（ ）、兼顾节能与减排、有利于发展政府与用能单位的关系的特点。

A. 低成本　B. 高成本　C. 减排温室气体　D. 无约束性

3. 节能自愿协议中的节能计划通常包括以下内容：用能单位用能情况、将要采取的节能技术措施、实施节能措施的时间表、预计达成的节能成果、（ ）、用能单位的能源管理提升计划等。

A. 第三方机构进行评估和批准　B. 免税

C. 核查和验证计划　D. 财政支持

4. 节能自愿协议激励政策主要包括技术支持和信息发布、（ ）、审计和评估、税收的免除、财政支持等措施。

A. 签署协议　B. 协议履行　C. 政府和公众认可　D. 效果核查验证

5. 节能自愿协议实施期限和节能减排目标在协议中同时设置，中期节能减排目标一般为（ ）。

A. 1～2 年　B. 3～5 年　C. 5～7 年　D. 8～10 年

6. 第三方机构是指节能自愿协议实施过程中提供（ ）、进行核查监督的组织。

A. 节能资金　B. 技术服务　C. 政策咨询　D. 法律帮助

7. 节能自愿协议中，协议目标设定有 3 种基本类型，即绝对目标、（ ）和经济目标。

A. 工序能耗目标　B. 能效基准目标　C. 节能减排目标　D. 能耗目标

二、多选题

1. 节能自愿协议的优点有（ ）。

A. 灵活性好　B. 兼顾节能与减排　C. 低成本　D. 适用性强

2. 节能自愿协议的不足有（ ）。

A. 透明度较低，不利于对协议各方进行监督

B. 违约惩罚措施不明确

C. 增加实施成本

D. 协议本身存在的限制性

三、判断题

1. 节能自愿协议只有政府与用能单位双方签订的协议形式。 ( )

2. 用能单位可以自己核查验证节能自愿协议的结果。 ( )

3. 根据参与者的参与程度和协商内容，节能自愿协议分为三类：经磋商达成协议型自愿协议，公众自愿参与型自愿协议和单方面承诺型自愿协议。 ( )

4. 用能单位按签署的节能自愿协议的要求，根据节能潜力评估结果，制定详细的节能计划。 ( )

5. 节能目标设定是节能自愿协议中十分重要的环节之一，必须设置明确的、可执行和可评估的节能目标。 ( )

第十六章 节能产品认证

一、单选题

1. 依据相关的标准和技术要求，经认证机构确认并通过颁发节能产品认证证书和节能标志，证明某一产品为节能产品的活动称为（ ）。

A. 产品认证　　B. 产品质量认证　　C. 节能认证　　D. 节能产品认证

2. 节能产品认证采用的认证模式为（ ）。

A. 工厂质量保证能力＋产品实物质量检验

B. 工厂质量保证能力＋获证后监督和抽样检验

C. 工厂质量保证能力＋产品实物质量检验＋获证后监督和抽样检验

D. 工厂质量保证能力＋产品实物质量检验＋获证后监督和复评

3. 中国节能产品认证标志图案中间包含了一个变形的汉字为（ ）。

A. 能　　B. 中　　C. 节　　D. 认

4. 节能产品认证证书有效期为（ ）年。

A. 5 年　　B. 4 年　　C. 3 年　　D. 2 年

5. 节能产品认证是企业的一种（ ）行为。

A. 自愿　　B. 强制　　C. 可持续　　D. 法律

6. 经认证机构认证合格的节能产品，自（ ）起，认证证书的持有者可在认证合格的产品外观、铭牌、包装、说明书及出厂合格证上使用“节”字标志。

A. 认证证书有效之日　　B. 认证书证批准之日

C. 认证证书申请之日　　D. 认证证书印刷之日

二、多选题

1. 以下关于节能认证标志使用正确的说法是（ ）。

A. 可以在产品上使用自行设计的节能认证标志

B. 产品包装物上不可以使用节能产品认证标志

C. 只在证书所限定的产品上加贴标志

D. 在证书有效期内，可在获证产品及其外包装上使用标志

2. 工厂质量保证能力检查需要对哪些方面进行现场确认（ ）。

A. 对影响产品能效/能耗的关键零部件　　B. 对影响产品能效/能耗的材料

C. 工厂的试验室条件　　D. 资源配置情况

三、判断题

1. 在证书有效期内，持证人可在自己的产品上面加贴节能产品认证标志。（ ）

2. 认证机构撤销、注销认证证书的产品应停止使用节能产品认证标志。（ ）

四、分析题

给定材料：

某企业生产高效清水离心泵，为提高产品的知名度，该企业对该产品自愿申请了节能产品认证，认证机构对申请认证的产品进行了综合评定、审查，并批准签发了认证证书。随着科学技术的不断发展和技术提升，企业决定对该产品进行了升级改造试验，经有资质的部门进行测试，产品的能源效率提高了5%左右。企业对已生产的产品全部进行了升级改造，改造后的产品仍继续使用节能产品认证标志。

作答要求：

根据“给定材料”，企业继续使用节能产品认证标志的这种做法是否合适，为什么？

要求：准确，简明扼要，字数不超过100个字。

第十七章　能源效率标识

一、单选题

1. 能效标识的能效等级中，（　）的等级是市场准入指标，差于该等级要求的产品不允许生产和销售。

A. 数字最小　　B. 中间等级　　C. 数字最大　　D. 不确定

2. 表示产品的能源效率为我国市场的平均水平的能效等级为（　）。

A. 数字最小　　B. 中间等级　　C. 数字最大　　D. 不确定

3. 我国的能效标识制度采用（　）的实施模式。

A. 企业自我申明＋认证＋备案　　B. 企业自我申请＋认证＋社会监督

C. 企业自我申明＋备案＋社会监督　　D. 企业自我申请＋备案

4. 能效标识的备案流程中包括（　）。

A. 产品能效或能耗指标试验　　B. 产品能源效率检测报告

C. 产品能效检验　　D. 产品能效和能耗指标试验

二、多选题

1. 以下属于使用能源效率标识的基本条件的是（　）。

A. 具有合法的登记注册证明和订立的相关合同

B. 属列入能源效率标识目录的产品

C. 产品符合国家颁布的相关能效/能耗标准

D. 有产品能源效率检测报告

2. 能效标识与节能产品认证的区别是（　）。

A. 类别不同　　B. 性质不同　　C. 先进性不同　　D. 标志不同

三、判断题

1. 有能源效率标识的产品能效水平相对较高。（　）

2. 能效标识属强制性认证，节能产品认证属自愿性认证。（　）

四、分析题

给定材料：

按照《能源效率标识管理办法》的有关规定，生产者或进口商及其产品使用能源效率标识的基本条件如下：

（1）境内企业应持有工商行政主管部门颁发的《企业法人营业执照》，境外企业应持有有关机构的登记注册证明，进口产品应有进口商与境外生产者订立的相关合同；

（2）产品属列入能源效率标识目录的产品；

（3）产品符合国家颁布的相关能效/能耗标准，并有产品能源效率检测报告。

某企业生产的产品为电动自行车，并已在有关机构登记注册，有工商行政主管部门颁发的《企业法人营业执照》，该产品暂未列入能源效率标识目录，但其核心部件电机有相应的能效标准且属国内领先水平。

作答要求：

根据“给定材料”，某企业生产的电动自行车，能否申请能源效率标识，为什么？

要求：准确，简明扼要，字数不超过100个字。

第十八章　清 洁 生 产

一、单选题

1. 清洁生产的典型特征是：强调“预防”和（　）通过一套完整的程序来达到“节能、降耗、减污、增效”的目的。

A. 末端治理　　B. 源头控制　　C. 防止污染　　D. 整体预防

2. 清洁生产审核，是指按照一定程序，对生产和服务过程进行调查和诊断，找出（　）的原因，提出减少有毒有害物料的使用、产生，降低能耗、物耗以及废物产生的方案，进而选定技术经济及环境可行的清洁生产方案的过程。

A. 能源效率低　　B. 能耗高、物耗高、污染重

C. 环境污染重　　D. 物料浪费大

3. （　）是清洁生产审核的第二阶段，它能确定本轮清洁生产审核的重点。

A. 审核准备　　B. 预审核　　C. 审核　　D. 可行性分析

4. 清洁生产审核的特点包括目的性、（　）、预防性、系统性、经济性、持续性和可操作性。

A. 系统性　　B. 专业性　　C. 普遍性　　D. 特殊性

5. 清洁生产审核包括（　）个阶段。

A. 8　　B. 7　　C. 6　　D. 35

6. 清洁生产审核一般通过（　）条途径来分析企业的生产过程所存在的问题，如原辅材料和能源、技术工艺等。

A. 5　　B. 8　　C. 7　　D. 6

7. 审核准备阶段是企业进行清洁生产审核工作的（　）阶段，是组织清洁生产审核的宣传、发动和准备阶段。

A. 第二个　　B. 第三个　　C. 第七个　　D. 第一个

8. 审核准备阶段的主要四个步骤分别为取得领导支持、（　）、制订工作计划、开展宣传教育，克服障碍。

A. 组建审核小组　　B. 开展能源审计

C. 签订合同文本　　D. 动员参加

9. 清洁生产审核原理包括逐步深入原理、分层嵌入原理、反复迭代原理、（　）、穷尽枚举原理。

A. 能效对标分析　　B. 能源守恒定律

C. 热力学第二定律　　D. 物质守恒原理

10. 审核阶段是企业清洁生产审核工作的第三阶段，是针对（　）的原辅材料、能耗

以及废物的产生进行审核。

A. 审核重点　B. 全厂　C. 物料消耗　D. 环保状况

二、多选题

1. 以下属于清洁生产审核思路的是（　）。

A. 找出资源消耗的环节和废弃物产生的部位

B. 找出工艺和设备问题

C. 分析资源消耗高的原因和废弃物产生的原因

D. 提出减少资源消耗或削减废弃物的解决方案或措施

2. 清洁生产审核过程中可行性分析阶段的工作步骤中有（　）。

A. 市场调研　B. 技术评估　C. 环境评估　D. 经济评估

3. 以下属于清洁生产审核过程中持续清洁生产阶段的工作步骤是（　）。

A. 建立和完善清洁生产组织　B. 建立和完善清洁生产管理制度

C. 制定持续清洁生产计划　D. 制定清洁生产目标

三、判断题

1. 清洁生产和过去的末端治理有着同样的治理效果。（　）

2. 清洁生产审核等同于清洁生产。（　）

3. 清洁生产就是把企业内部的设备和厂房打扫干净。（　）

4. 清洁生产的目的就是“节能、降耗、减污、增效”。（　）

5. 清洁生产审核包括审核准备、预审核、审核、方案产生和筛选、可行性分析、方案实施和持续清洁生产 7 个阶段。（　）

四、分析题

给定材料：

清洁生产审核是推行清洁生产的一项重要措施，它通过一套完整的程序来达到“节能、降耗、减污、增效”的目的。

（1）清洁生产审核特别强调“节能、降耗、减污、增效”，并与现代企业的管理要求相一致，具有鲜明的目的性。

（2）清洁生产审核以生产和服务过程为主体，从原辅材料、技术工艺、设备、管理、过程控制、员工技能与素质、产品和废弃物八个方面，设计了一套发现问题、解决问题、持续实施的系统而完整的方法。

（3）清洁生产审核的目的就是从源头削减资源的消耗和减少污染，从而达到“节能、降耗、减污、增效”的目的，这个思想贯穿在整个审核过程的始终。

（4）清洁生产审核强调“源头削减、全过程控制”，从源头减少资源的消耗和污染物的产生，不仅可减轻末端处理的负担，同时减少了资源的消耗，增加了产品的产量，提高了企业的经济效益。

（5）清洁生产审核十分强调持续性，无论是审核重点的选择还是方案的滚动实施均体现了从小到大、从粗到细、逐步改善的持续性原则。

（6）清洁生产审核的每一个阶段均需要从企业的实际出发，通过一定的程序，发现一些清洁生产方案。而且在方案实施上则是灵活的，即当企业的经济条件有限时，可先实施一些无/低费方案，以积累资金，逐步实施中/高费方案。

作答要求：

根据“给定材料”，请分析总结清洁生产审核的特点。

要求：准确，简明，字数不超过50个字。

参　考　答　案

第一章　能源与能量

一、单选题

1. D　2. A　3. D　4. B　5. C

二、多选题

1. ABD　2. ACD　3. ACD

三、判断题

1. √　2. √　3. ×

四、分析题

答：能量传递的实质是能量利用的实质。如果把转移到产品中的能量，在产品使用后，其能量进入环境也包括在内，能量的最终去向只能是唯一的，即最终进入环境。其结果是能量被利用，能源被消耗。

第二章　能源概述

一、单选题

1. A　2. D　3. A

二、多选题

1. ABCD　2. ABD　3. ABCD

三、判断题

1. √　2. √　3. √　4. ×

四、分析题

答：(1) 保持较高的自给率；

(2) 多元化发展；

(3) 符合低碳经济要求；

(4) 开放的能源市场。

第三章　节能概述

一、单选题

1. B　2. B　3. B　4. C　5. D

二、多选题

1. ABCD　2. ABD　3. BC　4. ABCD

三、判断题

1. √　2. √

四、分析题

答：（1）增强用能单位竞争力；

（2）提高用能单位能源利用效率和经济效益；

（3）提升用能单位节能管理水平。

第四章　热工基础知识

第一节　工程热力学

一、单选题

1. B　2. A　3. C　4. C　5. B　6. D　7. D

二、多选题

1. ACD　2. ABCD　3. ABCD　4. CD　5. BC　6. ABC

三、判断题

1. √　2. ×　3. √　4. ×　5. √　6. ×　7. √　8. √　9. √　10. ×　11. ×　12. √　13. √

四、分析题

答：因为在相同温度的高温热源和相同温度的低温热源之间工作的可逆循环，其热效率最高，并必大于不可逆循环的热效率。研究清楚了可逆循环的条件和规律，就知道了循环效率的最高极限和决定因素，从而了解实际循环与可逆循环效率的差距，掌握改进实际循环的方法和途径，正确评判实际循环的经济性。

五、计算题

1. 解：根据 $Q=\Delta U+W$，得 $W=Q-\Delta U=$（80－60）kJ＝26 kJ，对外做功为正，表明此过程为膨胀过程，对外做功 26 kJ。

2. 解：根据 $h_2-h_1+w_i=0$ 得：

蒸汽对外做功 $w_i=h_1-h_2=$（3 400－2 370）kJ/kg＝1 030 kJ/kg

功率 $P=q\cdot w_i=\left(\frac{108\ 000}{3\ 600}\times 1\ 030\right)$ kW＝30 900 kW

3. 解：氧气的压力 $p_1=$（1.4＋0.1）MPa＝1.5 MPa，根据理想气体状态方程式 $pV=mRT$ 可得：

$$m=\frac{pV}{RT}=\left[\frac{1.5\times 10^6\times 0.3}{260\times 303}\right]\text{kg}=5.712\ \text{kg}$$

用掉一半后，氧气瓶的压力为：

$$p_2=\frac{0.5\ mRT_2}{V}=\left[\frac{0.5\times 5.712\times 260\times 293}{0.3}\right]\text{Pa}=0.725\ \text{MPa}$$

4. 解：根据卡诺定律，卡诺循环热效率 $\eta_t=1-\frac{T_2}{T_1}=1-\frac{300}{1\,000}=0.70$，该循环的热效率 $\eta_t=1-\frac{q_2}{q_1}=1-\frac{(100-77)}{1\,000}=0.77$ 超过了卡诺循环的效率，故该循环不可能实现。

第二节　流　体　力　学

一、单选题

1. B　2. A　3. C　4. D　5. D　6. D　7. A　8. C　9. C　10. A　11. A

二、多选题

1. ABCD　2. ABCD　3. ACD　4. ABC　5. ABD　6. ABC

三、判断题

1. ×　2. √　3. √　4. √　5. √　6. ×　7. √　8. √　9. ×　10. √　11. √　12. √

四、计算题

1. 解：水可以看作不可压缩流体，流动又是定常流动，所以根据 $v_1A_1=v_2A_2$，得 $v_1d_1^2=v_2d_2^2$，则 $v_2=v_1\left(\frac{d_1}{d_2}\right)^2=v_1\left(\frac{2d_2}{d_2}\right)^2=4v_1$，结果是：当管子直径减小1倍，速度将扩大到原来的4倍。

2. 解：由流体静力学方程可知：A 点的绝对压强为 $p=p_{\text{amb}}+\rho gh_1$

A 点的相对压强为 $p_{\text{g}}=p-p_{\text{amb}}=\rho gh_1=39\,228\ \text{Pa}$

则 $h_1=\frac{p_{\text{g}}}{\rho g}=\frac{39\,228}{1\,000\times9.8}\ \text{m}=4.003\ \text{m}$

$H=h_1+h_2=(4.003+1)\ \text{m}=5.003\ \text{m}$

3. 解：(1) $Re=\frac{v\cdot d}{\nu}=\frac{1\times0.1}{1.31\times10^{-6}}=76\,336>2\,000$

即圆管中水流处在紊流状态。

(2) $v_{\text{cr}}=\frac{\nu Re_{\text{cr}}}{d}=\frac{1.31\times10^{-6}\times2\,000}{0.1}\ \text{m/s}=0.026\ \text{m/s}$

所以，要保持层流，最大流速是0.026 m/s。

第三节　传　热　学

一、单选题

1. A　2. A　3. A　4. C　5. B　6. C　7. B　8. D　9. B　10. B　11. D　12. B　13. A

二、多选题

1. ACD　2. ACD　3. ABC　4. ABD

三、判断题

1. √　2. ×　3. ×　4. √　5. ×　6. √　7. ×　8. √　9. ×

四、分析题

答：水冷壁管的其他条件相同，根据 $\frac{\Phi}{l}=\frac{2\pi(t_{高}-t_{低})}{\sum_{i=1}^{n}\frac{1}{\lambda_i}\ln\frac{d_{i+1}}{d_i}}$ 分析，水冷壁单位长度的热负荷仅与烟垢、水垢的导热系数有关，烟垢的导热系数小于水垢的导热系数，则结烟垢情况下水冷壁单位长度的热负荷小于结水垢情况下水冷壁单位长度的热负荷。

五、计算题

1. 解：根据 $\Phi=\frac{t_{f1}-t_{f2}}{\frac{1}{h_1}+\sum_{i=1}^{n}\frac{\delta_i}{\lambda_i}+\frac{1}{h_2}}A$，则：

通过双层玻璃窗的散热量为 $\Phi=\frac{26-(-11)}{\frac{1}{20}+\frac{2\times0.003}{1.05}+\frac{0.005}{0.026}+\frac{1}{15}}\times1.0\times1.2=141\ \text{W}$

2. 解：通过单层玻璃窗的散热量为 $\Phi'=\frac{26-(-11)}{\frac{1}{20}+\frac{0.006}{1.05}+\frac{1}{15}}\times1.0\times1.2=363\ \text{W}$

则 $\frac{\Phi'}{\Phi}=\frac{363}{141}=2.57$

从以上计算看出，虽然单层玻璃窗的玻璃厚度等于双层玻璃窗的两层玻璃加起来的厚度，但是因为少了空气夹层，传热量高了一倍多。所以在没有热对流的条件下，仅仅靠导热，气体的传热能力是很差的，即具有很好的保温性能。

3. 解：由题意知，

(1) 两表面温度分别为 1 090 ℃和 1 020 ℃时：

$$q_1=\sigma_b(T_1^4-T_2^4)$$
$$=\{5.67\times10^{-8}[(1\,090+273)^4-(1\,020+273)^4]\}\ \text{W/m}^2$$
$$=37\,208\ \text{W/m}^2$$

(2) 两表面温度分别为 90 ℃和 20 ℃：

$$q_2=\sigma_b(T_1^4-T_2^4)$$
$$=\{5.67\times10^{-8}[(90+273)^4-(20+273)^4]\}\ \text{W/m}^2$$
$$=567\ \text{W/m}^2$$

两者的比值：$\frac{q_1}{q_2}=\frac{37\,208}{567}=66$

由此可见，尽管冷热表面温度都是相差 70 ℃，但前者的换热量是后者的 66 倍。因此，辐射在高温时更重要。

第四节　热工测量技术

一、单选题

1. C　2. C　3. A　4. D　5. D　6. B

二、多选题

1. ABC 2. ABCD 3. BCD

三、判断题

1. × 2. × 3. × 4. × 5. ×

四、计算题

答：根据定义，可知22.3 ℃为温度计指示值，22.7 ℃为标准值，则：

绝对误差 $\Delta=a-b=22.3\ ℃-22.7\ ℃=-0.4\ ℃$

相对误差 $=\dfrac{\Delta}{b}\times100\%=\dfrac{-0.4}{22.7}\times100\%=-1.8\%$

引用误差 $=\dfrac{\Delta}{\text{仪表量程}}\times100\%=\dfrac{-0.4}{100-0}\times100\%=-0.4\%$

第五章 电工基础知识

第一节 电磁学概论

一、单选题

1. A 2. B 3. A 4. D 5. C 6. B 7. C 8. B 9. B 10. A 11. A 12. B

二、多选题

1. AD 2. ABC 3. BCD 4. ABD 5. BCD

三、判断题

1. × 2. √ 3. × 4. × 5. √ 6. √ 7. × 8. × 9. √

四、分析题

1. 答：(1) 变压器过热的原因是变压器过载。原因如下：

变压器的额定电流：$I_l=\dfrac{S}{\sqrt{3}U_l}=\dfrac{250\times10^3}{\sqrt{3}\times380}\ \text{A}=380\ \text{A}$

根据 $P=\sqrt{3}\eta U_l I_l\cos\varphi$ 计算电动机的线电流：

$$I_l=\frac{P}{\sqrt{3}\eta U_l\cos\varphi}=\frac{27\times10^3}{\sqrt{3}\times0.86\times380\times0.8}\ \text{A}=59.6\ \text{A}$$

能供给电动机的台数：$n=\dfrac{380}{59.6}=6.4$

而现在负载为8台电机，变压器过载，所以过热。

(2) 可采用功率因数补偿措施。

2. 答：(1) 铁心是电动机、变压器的磁路部分，主要起导磁作用。

(2) 为减小电动机、变压器中的涡流损耗，铁心应尽量薄且片间绝缘。

五、计算题

1. 解：由 $P=3U_pI_p\cos\varphi$，已知 $P=9.12\ \text{kW}$，$\cos\varphi=0.8$ 得：

相电流 $I_p=P/3U_p\cos\varphi=9.12\times10^3/3\times380\times0.8=10\ \text{A}$

线电流 $I_L=\sqrt{3}I_p=1.732\times10=17.32$ A

2. 解：对最外边回路列一个 KVL 方程（选顺时针绕行方向）：

$U-1+1\times3=0$ 可得 $U=1-1\times3=-2$ V

对 A 点列一个 KCL 方程 $I-1\div2-1=0$ 可得

$I=1\div2+1=1.5$ A

第二节　电力基础知识

一、单选题

1. C　2. A　3. A　4. D　5. C

二、多选题

1. ABD　2. BC　3. ACD　4. ABD　5. ACD

三、判断题

1. √　2. ×　3. ×　4. ×　5. ×　6. √　7. √　8. √　9. ×　10. √

四、分析题

1. 工厂中广泛使用电力电容器作为补偿装置。

2. 并联电容器进行无功补偿的主要作用有：

（1）补偿无功功率，提高功率因数；（2）提高设备出力；（3）降低功率损耗和电能损失；（4）改善电压质量。

五、计算题

解：$\cos\varphi_1=0.707$，$\varphi_1=45°$，$\tan\varphi_1=1$；$\cos\varphi_2=0.866$，$\varphi_2=30°$，$\tan\varphi_2=0.577$

需并联电容：$C=\dfrac{P}{\omega U^2}(\tan\varphi_1-\tan\varphi_2)=\dfrac{10\times10^3}{314\times220^2}(1-0.577)\ \mathrm{F}=278\ \mu\mathrm{F}$

第三节　电机与拖动

一、单选题

1. D　2. A　3. A　4. C　5. A　6. B　7. C　8. C　9. D　10. B

二、多选题

1. AC　2. ABC　3. ACD　4. ABD　5. ACD　6. BCD　7. ABD　8. ABC

三、判断题

1. ×　2. ×　3. √　4. ×　5. √　6. ×　7. ×　8. ×　9. √　10. ×

四、分析题

1. 电动机三相对称绕组，通入对称三相电流，定子产生旋转磁场。

2. 转子导条中，产生感生电流的方向用右手定则来判定。

3. 转子导条手里的方向用左手定则来判定。

五、计算题

1. 解：由 Y132S－4 可知磁极对数 $p=2$，旋转磁场转速 $n_1=1\ 500\ \text{r/min}$，则转差率为：

$s_N=(n_1-n_N)/n_1=(1\ 500-1\ 440)/1\ 500=0.04$

$$I_N=\frac{P_N}{\sqrt{3}\eta_N U_N\cos\varphi_N}=\frac{5\ 500}{\sqrt{3}\times0.855\times380\times0.84}\approx11.64\ \text{A}$$

$$T_N=9\ 550\frac{P_N}{n_N}=9\ 550\times\frac{5.5}{1\ 440}\approx36.5\ \text{N}\cdot\text{m}$$

$I_{st}=7I_N=7\times11.64\approx81.4\ \text{A}$

$T_{st}=2.2T_N=2.2\times36.5=80.3\ \text{N}\cdot\text{m}$

$T_{max}=2.2T_N=2.2\times36.5=80.3\ \text{N}\cdot\text{m}$

2. 解：根据 $p=2$ 得，$n_1=1\ 500\ \text{r/min}$

额定状态下运行时转速为：$n_N=n_1(1-s_N)=1\ 500\times(1-0.02)=1\ 470\ \text{r/min}$

（1）旋转磁场对转子的转速即为转差

$n_2=\Delta n=1\ 500-1\ 470=30\ \text{r/min}$

（2）额定转矩 $T_N=9\ 550\dfrac{P_N}{n_N}=9\ 550\times\dfrac{30}{1\ 470}\approx195\ \text{N}\cdot\text{m}$

（3）功率因数 $\cos\varphi_N=\dfrac{P_N}{\sqrt{3}U_N I_N\eta_N}=\dfrac{30\times10^3}{\sqrt{3}\times380\times57.5\times0.9}\approx0.88$

3. 解：P_2 为额定输出机械功率，额定状态下输入电功率为：

$$P_1=\frac{P_2}{\eta}=\frac{22}{0.84}=26.19\ \text{kW}$$

额定电流：$I_1=\dfrac{P_1}{U}=\dfrac{26.19}{110}=238\ \text{A}$

额定励磁电流：$I_f=\dfrac{U}{R_f}=\dfrac{110}{27.5}=4\ \text{A}$

额定电枢电流：$I_a=I-I_f=238-4=234\ \text{A}$

4. 解：（1）励磁电流：$I_f=\dfrac{U}{R_f}=\dfrac{220}{30}=7.3\ \text{A}$

电枢中起动电流：$I_a=\dfrac{U}{R_a}=\dfrac{220}{0.1}=2\ 200\ \text{A}$

（2）$R_a'=\dfrac{U}{2I_N}-R_a=\dfrac{220}{2\times240}-0.1=0.36\ \Omega$

5. 解：$N_2=\dfrac{U_2}{U_1}N_1=\dfrac{22}{220}\times100=10$ 匝

$I_2=\dfrac{U_1}{U_2}I_1=\dfrac{220}{22}\times1=10\ \text{A}$

6. 解：根据 $p_N=\eta_N\sqrt{3}U_N I_N\cos\varphi_N$，得：

$$I_N=\frac{P_N}{\sqrt{3}\eta_N U_N \cos\varphi_N}=\frac{7\ 500}{\sqrt{3}\times 0.85\times 380\times 0.85}\ A=15.78\ A$$

7. 解：根据 $n=\frac{U-(R_a+R)\ I_a}{K_E\Phi}$，串入 2.5 Ω 的电阻后转速为

$$n=\frac{U-(R_a+R)\ I_a}{K_E\Phi}=\frac{220-(0.5+2.5)\ \times 30}{0.13}r/min=1\ 000\ r/min$$

8. 解：由 $U=I_f\times R_f$ 得：

额定励磁电流为：$I_f=\frac{U}{R_f}=\frac{220}{55}=4\ A$

第四节　电 气 线 路

一、单选题

1. C　2. B　3 A

二、判断题

1. ×　2. √　3. √　4. ×

第五节　自动控制理论简介

一、单选题

1. B　2. A

二、多选题

ABD

三、判断题

1. √　2. ×

第六章　燃 料 与 燃 烧

一、单选题

1. A　2. B　3. D　4. C　5. B　6. A　7. A　8. C　9. D　10. C　11. C

二、多选题

1. ABC　2. BD　3. ABC　4. AC

三、判断题

1. √　2. √　3. ×　4. √　5. √　6. ×

第七章　管 理 概 述

一、单选题

1. B　2. A　3. D　4. B　5. C

二、多选题

1. ABD 2. ACD 3. ABD

三、判断题

1. √ 2. ×

四、分析题

答：(1) 当前是信息社会，利用计算机和信息技术建立能源中心管理系统是必要的，特别是重点用能单位；

(2) 该系统使能源流程得到优化，并在用能系统的应急事件的处理、运行成本、挖掘节能潜力等方面都得到了充分的肯定；

(3) 随着技术的提升，该系统的功能将会更强大，作用更多。

第八章 基础管理

第一节 能源计量管理

一、单选题

1. A 2. C 3. A 4. B

二、多选题

ABD

三、判断题

1. √ 2. ×

四、计算题

解：根据公式 $R_P=(N_S/N_1)\times 100\%$ 代入已知条件得

$R_P=60/75\times 100\%=80\%$

该用能单位能源计量器具配备率为 80%。

五、分析题

答：(1) 规范能源计量人员行为；

(2) 强化能源计量器具管理；

(3) 保证能源计量数据的采集、处理正确性；

(4) 建立完善能源计量管理制度是能源计量一项非常重要的基础工作，是做好能源统计的前提。

第二节 能源统计管理

一、单选题

1. C 2. D 3. B 4. A

二、多选题

1. ABCD 2. ABC 3. ACD 4. BCD

三、判断题

1. √　2. ×

四、分析题

答：(1) 从实际出发，符合本用能单位的生产经营特点和管理水平；
(2) 满足统计、会计、业务核算等方面的需要，避免重复和矛盾；
(3) 经常进行整顿和改进；
(4) 通俗和简便易行。

第三节　能源能耗定额管理

一、单选题

1. A　2. C

二、多选题

BCD

三、判断题

×

四、分析题

答：这是能源消耗定额先进性和合理性相统一。

第四节　能源标准化管理

一、单选题

1. C　2. C　3. A

二、多选题

1. ABD　2. ACD

三、判断题

√

第五节　节能培训管理

一、单选题

1. D　2. B　3. C

二、多选题

ABCD

三、判断题

1. √　2. ×

四、分析题

答：(1) 节能培训组织实施；

（2）节能培训方法；

（3）节能培训内容；

（4）节能培训考核及评估。

第六节 用能单位节能规划

一、单选题

1. C 2. C 3. A

二、多选题

1. ABC 2. ABCD

三、判断题

1. √ 2. √

第七节 节能项目管理

一、单选题

1. D 2. C

二、多选题

BCD

三、判断题

√

四、计算题

解：将已知条件代入公式得

$$T=\frac{K}{\Delta L}=\frac{K}{Z\cdot J}$$

$=800\ 000/(400\times 1\ 000)=2$ 年

该炉改造项目的静态投资的回收期是 2 年。

第九章 能效管理

第一节 用能设备管理

一、单选题

1. C 2. A 3. B 4. D 5. A 6. D

二、多选题

1. ACD 2. ACD 3. ABCD 4. ABCD

三、判断题

1. √ 2. √ 3. ×

四、分析题

答：（1）用能设备使用规程；

（2）用能设备维护规程；

（3）规程的贯彻执行。

第二节　节 能 监 测

一、单选题

1. D　2. C　3. C　4. C　5. C　6. C

二、多选题

1. ABCD　2. AC

三、判断题

1. ×　2. √　3. √　4. ×

四、计算题

答：（1）根据合格产品单耗计算公式，1＃窑炉单位平板玻璃综合能耗为

$E_D=\frac{E}{M}=\frac{7}{350}$（tce/重量箱）×1 000＝20 kgce/重量箱

由于平板玻璃单耗高于限额标准值，故该厂1＃窑炉平板玻璃生产工序节能监测测试不合格。

（2）浪费量计算

年浪费能源量＝$\sum$（产品能耗限额−测试期合格产品单耗）×合格产品产量

＝（19.5－20）kgce/重量箱×350 万重量箱/1 000＝1 750 tce

第三节　企 业 能 量 平 衡

一、单选题

1. B　2. B　3. B　4. D　5. D　6. B

二、多选题

1. ABCD　2. ABD　3. ACD　4. ABCD

三、判断题

1. ×　2. ×　3. ×

四、分析题

答：（1）上述属企业能量平衡方法中的统计方法；

（2）它是以综合期内的能源计量数据为基础进行的综合统计计算。

五、计算题

答：余能资源量 E_{yu}＝700×6 000×750×1.515/29 308/1 000＝162.83 tce

已利用的余能资源 $E_{yt}=600\times0.102=61.2$ tce

余能资源利用率 $\eta=E_{yt}/E_{yu}=61.2/162.83=37.59\%$

第四节 能 源 审 计

一、单选题

1. B 2. A 3. C 4. B 5. D 6. D

二、多选题

1. AB 2. BCD 3. ACD

三、判断题

1. × 2. × 3. × 4. ×

四、分析题

答：用能单位能源管理状况审计包括能源管理系统、能源输入管理、能源转换管理、能源分配和传输管理、能源使用管理、能耗状况分析、节能技术进步管理文件、能源管理系统的检查与评价等方面。

第五节 能 效 对 标

一、单选题

1. B 2. B 3. B 4. B 5. C 6. B

二、多选题

1. ABCD 2. ABD 3. ABCD

三、判断题

1. √ 2. × 3. √ 4. × 5. ×

四、分析题

答：(1) 最高管理者态度；(2) 专业知识；(3) 管理流程；(4) 管理模式；(5) 信息沟通；(6) 全员参与。

第十章 监 管 制 度

第一节 能源利用状况报告制度

一、单选题

1. C 2. C 3. C 4. B 5. B 6. C

二、多选题

1. ABCD 2. AC 3. ABD 4. ABCD

三、判断题

1. √ 2. × 3. × 4. ×

四、分析题

答：重点用能单位应当每年向管理节能工作的部门报送上年度的能源利用状况报告。能源利用状况包括能源消费情况、能源利用效率、节能目标完成情况和节能效益分析、节能措施等内容。

第二节 节能评估和审查制度

一、单选题

1. B 2. C 3. C 4. B 5. C 6. B

二、多选题

1. ABC 2. AB 3. ACD

三、判断题

1. √ 2. √ 3. √ 4. ×

四、分析题

答：节能评估和审查的管理内容包括：项目审批、核准或者备案前的节能评估和审查，项目建设过程中的监督检查和项目建成后的节能验收三项内容。

第三节 能耗限额制度

一、单选题

1. D 2. B 3. A 4. B 5. B 6. D

二、多选题

1. ABCD 2. ACD 3. ABC

三、判断题

1. × 2. × 3. × 4. ×

四、分析题

答：执行单位产品能耗限额标准情况的监察内容主要包括：

(1) 用能单位执行能耗限额标准情况；

(2) 主要耗能行业单位产品能耗执行预警调控制度的情况；

(3) 超能耗限额的用能单位落实整改计划的情况。

第四节 淘汰落后制度

一、单选题

1. B 2. C 3. B 4. B 5. D 6. C

二、多选题

1. ABD 2. ABCD 3. ACD

三、判断题

1. × 2. ×

四、分析题

答：坚持科学发展原则；坚持促进可持续发展原则；坚持扶优和劣汰相结合的原则；坚持依法推动的原则；坚持统筹考虑的原则；坚持综合治理的原则。

第五节 节能考核与奖惩制度

一、单选题

1. D 2. C 3. A 4. C 5. D 6. B

二、多选题

1. AB 2. ABCD 3. ABD

三、判断题

1. × 2. × 3. × 4. √

四、分析题

答：组织领导情况；节能目标责任制；节能管理；技术进步；节能法律法规标准落实情况等。

第十一章 能源管理体系

一、单选题

1. C 2. B 3. D 4. B 5. A 6. B 7. D 8. C 9. C 10. A 11. C 12. D 13. C 14. B 15. D 16. A 17. C 18. D 19. C 20. C

二、多选题

1. ABCD 2. ABCD 3. ABC 4. ACD 5. ABCD 6. ABCD 7. ABCD 8. ABCD 9. ABC 10. ABCD

三、判断题

1. × 2. √ 3. √ 4. × 5. ×

四、分析题

答：能源管理体系管理评审的作用是对运行的能源管理体系整体状态做出全面的评判，对体系的适宜性、充分性和有效性做出评价，并根据评审结果对持续改进做出决策。

第十三章 合同能源管理

一、单选题

1. C 2. A 3. A 4. A 5. A 6. A 7. C 8. C 9. C 10. C 11. A

二、多选题

1. ABCD　2. ABC　3. ABD　4. ABC

三、判断题

1. √　2. √　3. ×　4. √

四、分析题

答：属能源费用托管型。用户委托节能服务公司出资进行能源系统的节能技术改造和运行管理，并按照双方约定将该能源系统的能源费用交节能服务公司管理，系统节约的能源费用归节能服务公司。项目简单投资回收期为0.43年。

第十四章　电力需求侧管理

一、单选题

1. B　2. C　3. B　4. D　5. C　6. D　7. C　8. D　9. A

二、多选题

1. ABCD　2. ABCD　3. AC　4. ABCD

三、判断题

1. √　2. √　3. √　4. ×

第十五章　节能自愿协议

一、单选题

1. A　2. A　3. C　4. C　5. B　6. B　7. D

二、多选题

1. ABCD　2. ABCD

三、判断题

1. ×　2. ×　3. √　4. √　5. √

第十六章　节能产品认证

一、单选题

1. D　2. C　3. C　4. C　5. A　6. A

二、多选题

1. CD　2. ABCD

三、判断题

1. ×　2. √

四、分析题

答：不合适。因为认证产品的更改未经确认或企业的质量保证能力发生重大变化未经确认，应停止使用认证标志。

第十七章 能源效率标识

一、单选题

1. C 2. B 3. C 4. A

二、多选题

1. ABCD 2. ABCD

三、判断题

1. × 2. √

四、分析题

答：不能申请。因为电动自行车未列入能源效率标识目录，不符合《能源效率标识管理办法》的有关规定，故不能申请。

第十八章 清洁生产

一、单选题

1. B 2. B 3. B 4. A 5. B 6. B 7. D 8. A 9. D 10. A

二、多选题

1. ACD 2. ABCD 3. ABC

三、判断题

1. × 2. × 3. × 4. √ 5. √

四、分析题

答：清洁生产审核主要有六个特点：目的性；系统性；预防性；经济性；持续性；可操作性。

第二部分 《节能技术》学习题集

本部分重点针对通用节能技术和新能源及可再生能源利用技术编写了学习题集，包括《能源管理师教材 节能技术（上）》的第一章“热能、电能利用节能技术”和第二章“新能源及可再生能源利用技术”。《能源管理师教材 节能技术（上）》的第二章第四节“其他清洁能源利用技术”和《能源管理师教材 节能技术（下）》未编写习题。

第一章 热能、电能利用节能技术

第一节 锅炉节能技术

一、单选题

1. 锅炉的分类方法很多，按照（ ）不同，可分为燃煤锅炉、燃油锅炉、燃气锅炉等。

A. 主蒸汽压力高低 B. 燃烧方式

C. 燃料种类 D. 介质流动方式

2. （ ）是锅炉各项热损失中最大的一项热损失。

A. 排烟热损失 B. 固体未完全燃烧热损失

C. 散热损失 D. 灰渣物理热损失

3. 通常（ ）的灰渣量较大且温度较高，灰渣排放所损失的热量较多。

A. 煤粉炉 B. 循环流化床锅炉

C. 层燃炉 D. 手烧炉

4. 下面属于锅炉受热面结垢对锅炉产生的危害的是（ ）。

A. 受热面热阻降低 B. 锅炉排污热损失降低

C. 受热面传热性能变差 D. 锅炉能耗降低

5. 下列不属于减少锅炉热损失，提高锅炉热效率的途径的是（ ）。

A. 减少排烟热损失 B. 减少燃煤物理热损失

C. 减少固体未完全燃烧热损失 D. 减少灰渣物理热损失

6. 下列能够减少锅炉排污热损失的途径是（ ）。

A. 改善燃烧状况，提高炉膛温度 B. 改善燃煤质量

C. 减少锅炉排污量 D. 进行炉拱改造

7. 下面不属于燃煤锅炉分层燃烧特点的是（ ）。

A. 可以减少锅炉漏煤量　　B. 可以降低煤的着火温度

C. 可以使煤层通风均匀　　D. 可以提高燃烧效率

8. 工业锅炉排烟温度合格指标是（ ）。

A. 100～150 ℃　B. 150～230 ℃　C. 230～300 ℃　D. 300～350 ℃

9. 将链条炉排锅炉斗式给煤装置改造成分层给煤装置，锅炉热效率一般会（ ）。

A. 提高　B. 不变　C. 降低5%～10%　D. 降低4%～5%

10. 煤的分层燃烧技术适用于（ ）。

A. 手烧炉　B. 链条炉排锅炉　C. 煤粉炉　D. 循环流化床锅炉

11. （ ）的主要作用是造成燃料引燃所需要的高温环境。

A. 前拱　B. 中拱　C. 后拱　D. 以上都是

12. 锅炉在额定负荷稳定而连续运行时，热效率（ ）。

A. 最低　　B. 最高

C. 保持在平均水平　　D. 不确定

13. （ ）已成功应用于燃用贫煤、烟煤、褐煤的煤粉锅炉。

A. 磨煤机动态旋转分离器　　B. 等离子点火及稳燃技术

C. 高浓度煤粉燃烧技术　　D. 强化燃烧技术

14. 煤粉锅炉稳定燃烧技术是指通过各种（ ）来实现煤粉的稳定着火和强化燃烧。

A. 变频调速技术　B. 制粉系统　C. 新型燃烧器　D. 磨煤机

15. 层燃炉、煤粉炉、燃油燃气锅炉正常燃烧工况下，炉膛温度高达（ ）。

A. 1 000～1 300 ℃　B. 1 100～1 300 ℃　C. 900～1 300 ℃　D. 1 300～1 600 ℃

16. 对于工业链条锅炉而言，按照实际使用的煤种，适当改变炉拱的形状与位置，说法不正确的是（ ）。

A. 可以改善燃烧状况　　B. 提高燃烧效率

C. 减少燃煤消耗　　D. 改造投资较高

17. 关于锅炉散热损失与锅炉的容量说法正确的是（ ）。

A. 锅炉散热损失与锅炉的容量无关　　B. 锅炉散热损失与锅炉的容量有关

C. 小型锅炉的散热损失小　　D. 锅炉容量越大，散热损失越大

18. 对于工业锅炉而言，为了降低排烟热损失，关于排烟温度的说法正确的是（ ）。

A. 排烟温度越低越好　　B. 排烟温度越高越好

C. 排烟温度下降，受热面腐蚀减弱　　D. 排烟温度应由技术经济比较来决定

19. 采用（ ）的方法，是符合经济运行要求的理想调节方法。

A. 变频器　　B. 多速电动机

C. 液力耦合器　　D. 调节辅机（给水泵、风机等）转速

20. 锅炉自动控制中，（ ）的目的是监督锅炉的运行状况、指导操作和检查控制

效果。

A. 自动保护　　B. 自动检测　　C. 顺序控制　　D. 自动调节

二、多选题

1. 按燃烧方式，锅炉可分为（　）。

A. 火床燃烧锅炉　　B. 电锅炉

C. 火室燃烧锅炉　　D. 沸腾炉（流化床炉）

2. 对锅炉而言，要降低排烟热损失，主要是（　）。

A. 降低排烟温度　　B. 减低排污热损失

C. 减少散热损失　　D. 控制炉膛出口处过量空气系数

E. 进行动力配煤

3. 锅炉结垢的危害有（　）。

A. 热阻减小　　B. 能耗增加　　C. 增加检修费用　　D. 减少检修费用

4. 燃料充分燃烧的必要条件有（　）。

A. 有足够量的空气以及燃料与空气的充分混合

B. 实际空气量大于理论空气量

C. 有足够高的炉膛温度

D. 使燃料有足够的燃烧时间

5. 维持合理炉膛温度的主要作用是（　）。

A. 提高排烟温度

B. 提高燃烧化学反应速度，降低燃烧热损失

C. 提高炉内辐射换热强度

D. 降低燃烧温度

6. 使锅炉燃料充分燃烧，可采取的强化燃烧措施主要是（　）。

A. 合理配风　　B. 维持合理的炉膛温度

C. 减少热损失　　D. 提高锅炉的出水温度

7. 维持合理炉膛温度的主要措施有（　）。

A. 加强锅炉燃烧调整　　B. 改进燃烧设备

C. 优化炉膛及炉拱结构　　D. 预热入炉空气并增加二次风

8. 散热损失与（　）有关。

A. 锅炉容量　　B. 锅炉有无省煤器

C. 锅炉有无空气预热器　　D. 锅筒

9. 下列各项能够提高锅炉热效率的是（　）。

A. 减少各项热损失　　B. 加强煤场和水质管理

C. 锅炉辅机改造　　D. 采用节能新技术

10. 锅炉散热损失的大小取决于（　）。

A. 散热表面的面积　　B. 锅炉的容量
C. 温度　　D. 环境条件

11. 按照载热工质，锅炉可分为（ ）。
A. 蒸汽锅炉　B. 热水锅炉　C. 有机载热体锅炉　D. 生活锅炉

12. 锅炉排烟热损失是由（ ）综合决定的。
A. 尾部排烟温度　　B. 烟气量
C. 漏入系统内的冷空气量　　D. 烟气二氧化碳的含量

13. 分层燃烧技术可以（ ）。
A. 使煤层通风均匀　　B. 增加灰渣含碳量
C. 减少锅炉漏煤量　　D. 提高燃烧效率

14. 采用新型炉拱材料，可以（ ）。
A. 改善燃烧状况　　B. 明显降低灰渣含碳量
C. 提高燃烧效率及锅炉出力　　D. 减少燃煤消耗

15. 目前，新型炉拱有（ ）。
A. 双人字形拱　B. 活动拱　C. 节能异形拱　D. 炉拱改造

16. 等离子点火及稳燃技术已成功应用于燃用（ ）的煤粉锅炉。
A. 煤矸石　B. 贫煤　C. 烟煤　D. 褐煤

17. 等离子点火及稳燃技术的优点是（ ）。
A. 可实现电厂无燃油运行，节油效果明显，经济性好
B. 安全性高
C. 一次性投资小
D. 有害物质排放量少

18. 用作二次风的工质可采用（ ）。
A. 空气　B. 水　C. 蒸汽　D. 烟气

19. 蒸汽二次风与空气或烟气二次风相比具有（ ）的特点。
A. 设备简单，投资小　　B. 操作简便
C. 运行成本低　　D. 不适用于大容量锅炉

20. 提高煤粉浓度的方法主要有（ ）。
A. 高浓度的给粉　　B. 采用燃烧器浓缩技术
C. 采用浓缩器浓缩技术　　D. 采用新型燃烧器

21. 锅炉自动控制主要包括（ ）等方面。
A. 自动检测　B. 顺序控制　C. 自动调节　D. 自动保护

22. 锅炉辅机常用的调速方法有（ ）等。
A. 变频器　B. 液力耦合器　C. 可控硅串级调速　D. 多速电动机

三、判断题

1. 锅炉炉膛出口空气系数越大，锅炉燃烧效率就会越高。 （ ）

2. 排烟热损失是锅炉各项热损失中最大的一项热损失。 （ ）

3. 将链条炉排锅炉斗式给煤装置改造成分层给煤装置，锅炉效率一般会降低。 （ ）

4. 锅炉的热效率是指锅炉设备各项损失热量与输入热量之比的百分数。 （ ）

5. 排烟热损失的大小与排烟温度的高低无关。 （ ）

6. 维持合理的炉膛温度是燃料迅速燃烧和完全燃烧的基本条件。 （ ）

7. 加强锅炉水质监督管理，会减少锅炉结垢，降低排污热损失。 （ ）

8. 配煤时不能加入任何添加剂。 （ ）

9. 二次风对于强化锅炉炉内燃烧和消烟除尘的作用不大。 （ ）

10. 锅炉烟气余热利用采用的热管换热器比常规换热器无明显优点。 （ ）

11. 对于工业锅炉而言，为了降低排烟热损失，排烟温度越低越好。 （ ）

12. 对于工业链条锅炉而言，按照实际使用的煤种，适当改变炉拱的形状与位置，可以改善燃烧状况，提高燃烧效率，减少燃煤消耗。 （ ）

13. 锅炉的散热损失主要原因是锅炉表面温度低于周围环境空气的温度，通过辐射及对流传热方式传给周围环境。 （ ）

14. 目前我国工业锅炉的燃料以燃煤为主。 （ ）

15. 锅炉容量越大，与外界接触的面积越大，散热损失越大。 （ ）

16. 层燃炉的灰渣量少且温度较低，故灰渣排放所损失的热量较少。 （ ）

17. 锅炉燃烧效率表征燃料完全燃烧的程度。 （ ）

18. 工业锅炉排烟温度合格指标是150～230 ℃。 （ ）

四、分析题

1. 给定材料：

某企业的20 t/h工业锅炉空气系数过高，参数如下：

（1）锅炉平均运行负荷：5 t/h；

（2）锅炉炉膛温度：550 ℃；

（3）锅炉空气系数：2.4；

（4）燃用燃料种类：二类烟煤；

（5）炉膛负压：40 Pa；

（6）锅炉运行方式：间断运行。

锅炉降低排烟热损失，合理配风的目标，就是要根据负荷要求，恰当地供给燃料量，不断寻求并力争控制最佳空气系数，达到完全燃烧。

在理论上达到完全燃烧所需要的空气量，称为理论空气量。但在实际条件下，根据燃料品种、燃烧方式及控制技术的优劣，往往需要多供给一些空气量，称为实际空气量。实际空气量与理论空气量之比，称为空气系数。

作答要求：

请对该工业锅炉空气系数过高进行分析，找出解决问题的办法。

2. **给定材料：**

某企业 75 t/h 循环流化床锅炉排烟热损失过高，参数如下：

（1）锅炉平均运行负荷：70 t/h；

（2）锅炉炉膛温度：850 ℃；

（3）锅炉空气系数：1.3；

（4）燃用燃料种类：二类烟煤；

（5）炉膛负压：75 Pa；

（6）排烟温度：240 ℃。

排烟热损失是指高温烟气排入大气而损失的热量。排烟热损失是由尾部排烟温度、烟气量与漏入系统内的冷空气量综合决定的。因此，要降低排烟热损失，就要减少炉膛的空气系数和各烟道的漏风量以及降低排烟温度。

作答要求：

请根据该锅炉的实际运行参数分析如何降低锅炉的排烟热损失。

3. **给定材料：**

某企业的 20 t/h 工业锅炉需要进行节能改造，参数如下：

（1）锅炉平均运行负荷：15 t/h；

（2）锅炉炉膛温度：800 ℃；

（3）锅炉空气系数：2.2；

（4）燃用燃料种类：二类烟煤；

（5）炉膛负压：50 Pa；

（6）排烟温度：125 ℃。

节能改造主要包括的措施有：

（1）给煤装置改造；

（2）炉拱改造；

（3）燃烧系统改造；

（4）锅炉辅机系统节能改造等。

作答要求：

请根据该锅炉的实际运行工况，分析该锅炉应采用哪些节能改造技术。

五、计算题

1. 某企业有一台 10 t/h 燃煤工业锅炉，平均燃用煤炭 1 000 kg/h，产出蒸汽为

17 249.1 MJ/h，燃用煤炭低位发热量加权平均值为 22 998.8 kJ/kg，求该锅炉的平均热效率。

2. 一台燃煤锅炉原来没有省煤器也没有空气预热器，测得热效率为 66.9%，排烟热损失 q_2=16.0%，散热损失 q_5=1.6%。现在锅炉安装了省煤器，在同样的使用条件下测得排烟热损失 q_2=8.0%，散热损失 q_5=2.4%，其他各项热损失视为不变。请问现在的锅炉热效率是多少?

3. 某锅炉房有一台 WNS14－1.0/115/70－Y 型热水锅炉，运行时测得锅炉水流量为 260 t/h，锅炉出口水温为 110 ℃，进口水温为 70 ℃，每小时的耗油量为 1 460 kg，燃料的低位发热量为 40 600 kJ/kg，水的比热容为 4.2 kJ/（kg·K），试计算锅炉的运行效率。

4. 有一功率为 35 万 kW 的电厂，设 1 kg 燃料的发热量为 23 408 kJ/kg，在燃烧时放出的热量仅有 38%变成电能，求每小时燃料消耗量。（1 kW·h=3 600 kJ）

5. 已知某锅炉的燃料消耗量为 104.7 t/h，燃料发热量为 19 285 kJ/kg，其正平衡效率为 90.5%，求该锅炉的输出热量。

第二节　工业窑炉节能技术

一、单选题

1. 我国工业窑炉的燃料以（　）为主。

A. 电力　　B. 油　　C. 煤　　D. 天然气

2. 工业窑炉按照工艺特点可分为（　）。

A. 燃料炉和电炉

B. 加热炉和熔炼炉

C. 高温炉、中温炉和低温炉

D. 辐射式工作制度炉窑、对流式工作制度炉窑

3. 关于窑炉富氧燃烧节能技术，下列说法错误的是（　）。

A. 富氧燃烧能够提高融化质量　　B. 能够减轻对熔窑的烧损

C. 具有明显的节能效果　　D. 能够增加烟气的生产量

4. 不属于工业窑炉热源节能改造的是（　）。

A. 将窑炉的燃料由燃油改为燃用工艺过程回收的燃气

B. 将燃油改造为电加热

C. 采用新型燃烧器取代老式燃烧器

D. 将燃气改造为电加热

5. （　）是炉温控制的基本控制方法，也是现场使用最多的一种方法。

A. 串级比值控制　　B. 空气过剩系数自动修正

C. 生产率前馈控制　　D. 启停控制

6. 工业窑炉50%～70%的热量以（ ）的形式直接排入大气。

A. 高温烟气 B. 灰渣 C. 飞灰 D. 散热

7. 从调整燃料结构方面看，工业窑炉尽可能不选用（ ）。

A. 天然气 B. 油 C. 煤转成气作燃料 D. 煤

8. 在工业窑炉内及加热管外表面涂刷高辐射陶瓷涂料，可强化窑炉内的（ ）换热，是一种投资少、见效快、施工简便的工业窑炉节能新技术。

A. 导热 B. 对流 C. 导热和对流 D. 辐射

9. 工业窑炉节能改造的主要内容有（ ）。

A. 热源改造 B. 燃烧系统改造 C. 窑炉结构改造 D. 以上均是

10. （ ）是目前应用最广的节能涂料。

A. 隔热涂料 B. 隔热涂料和高辐射率涂料

C. 高辐射率涂料 D. 以上都不是

11. 工业窑炉各项热损失中，（ ）最大。

A. 排烟热损失 B. 散热损失

C. 水冷构件热损失 D. 未完全燃烧热损失

12. 利用（ ）分热量来加热助燃空气是提高窑炉热效率最简单又最有效的途径。

A. 灰渣 B. 高温烟气 C. 飞灰 D. 散热

13. 在工业生产中，利用燃料燃烧产生的热量或将电能转化为热能，从而实现对工件或物料进行熔炼、加热、烘干、烧结、裂解和蒸馏等各种加工工艺所用的热工设备，称为（ ）。

A. 锅炉 B. 工业窑炉 C. 换热器 D. 蓄热器

二、多选题

1. 目前，对现有工业窑炉进行节能改造是工业窑炉节能最主要和最有效的措施之一。其节能改造的内容很多，主要有（ ）。

A. 燃烧系统改造 B. 结构改造、绝热改造

C. 热源改造 D. 窑炉密封改造

2. 减少排烟热损失的方法主要包括：（ ）。

A. 降低排烟温度 B. 减少烟气量

C. 提高排烟温度 D. 合理控制炉内压力

3. 减少工业窑炉炉体散热损失的主要办法是（ ）。

A. 采用新型绝热材料 B. 采用新型耐火材料

C. 增大窑炉的表面积 D. 加强炉体绝热

4. 炉体热损失以（ ）为主。

A. 散热损失 B. 孔洞辐射损失 C. 逸气损失 D. 蓄热损失

5. 工业窑炉的分类方法很多，按工作温度分为（ ）。

A. 高温炉 B. 中温炉 C. 低温炉 D. 电加热炉

6. 提高工业窑炉燃烧效率的措施主要包括有（ ）。

A. 富氧燃烧 B. 提高助燃空气温度

C. 采用低过量空气系数 D. 窑炉绝热改造

7. 工业窑炉内行业发展了许多先进炉型和工艺，其中最具代表性的是（ ）。

A. 水泥预分解窑 B. 干法熄焦工艺

C. 明焰裸烧方法 D. 低温快烧技术

8. 窑炉自动控制包括（ ）。

A. 对燃烧器的启停控制 B. 燃烧火焰的连续检测

C. 热负荷自动控制 D. 燃料及助燃风比例连续调节控制

9. 对工业窑炉进行自动控制的作用是（ ）。

A. 通过自动化控制手段，使窑炉始终稳定在最佳运行工况

B. 减少未完全燃烧热损失和灰渣热损失

C. 能随时了解窑炉运行工况，获取翔实运行数据，为技术创新提供素材

D. 有效利用工件加热处理后带走的热量

10. 高温空气燃烧技术的节能效果主要体现在：（ ）。

A. 极限回收余热 B. 低空气消耗系数

C. 强化炉内换热 D. 降低炉体散热

11. 隔热耐火材料包括（ ）等。

A. 低热容超轻质耐热绝热材料 B. 耐火纤维制品

C. 轻质不定形耐火材料 D. 轻质砖

12. 工业窑炉用绝热材料应满足（ ）的要求。

A. 热导率小、密度小 B. 气孔率大、吸水性吸湿性小、透气性小

C. 膨胀系数小 D. 热稳定好、热扩散率大

13. 蓄热材料可分为（ ）。

A. 显热蓄热材料 B. 潜热蓄热材料

C. 高温蓄热材料 D. 低温蓄热材料

14. 新型蓄热材料发展趋势是（ ）。

A. 尺寸大小合适，形状合理 B. 材质搭配好，体积紧凑

C. 温度波动小 D. 热回收率高且换向设备简单

三、判断题

1. 采用先进的燃烧装置，可实现高过量空气系数燃烧。 （ ）

2. 合理安排间歇性工作窑炉的工作周期，减少停炉和开炉次数，可有效降低窑炉的蓄热损失。 （ ）

3. 在工业窑炉内及加热管外表面涂刷高辐射陶瓷涂料，可强化窑炉内的辐射换热，

是一种投资少、见效快、施工简便的工业窑炉节能新技术。 （ ）

4. 工业窑炉的绝热状况与其能源消耗无关，但可以改善操作环境。 （ ）

5. 串级比值控制是炉温控制的基本控制方法，但方案复杂、不易实现。 （ ）

6. 新型低热容超轻质耐热绝热材料在我国已得到普遍应用。 （ ）

7. 显热蓄热材料传热性好，单位重量（体积）的蓄热量较大。 （ ）

8. 潜热蓄热材料的特点可保持在一定温度下进行吸热和放热，化学稳定性好，但相变时液固两相界面处的传热效果差。 （ ）

9. 回收烟气余热来预热空气或燃料，是最常用、最可靠和最有效的方法。 （ ）

四、分析题

1. **给定材料：**

某企业的工业炉窑炉炉体散热过大，基本资料如下：

（1） 现用绝热材料：普通耐火砖；

（2） 炉体表面积：30 m^2；

（3） 窑炉工作温度：1 500 ℃；

（4） 运行方式：间歇运行；

工业窑炉节能改造的主要措施如下：

（1） 提高燃烧效率，主要包括采用低空气系数的燃烧方式、富氧燃烧和提高助燃空气的温度等。

（2） 减少炉体的散热损失，主要包括采用新型耐火材料、绝热材料，加强炉体绝热，减少窑炉的表面积和尽量避免窑炉的间歇运行。

（3） 减少水冷构件热损失，主要包括少用或不用水冷构件减少热损失、对必须设置的炉内水冷构件进行隔热和采用汽化冷却来回收水冷件的热损失。

（4） 采用先进的炉型和工艺，其中最有代表性的是水泥预分解窑、干法熄焦工艺、明焰裸烧方法以及低温快烧技术。

作答要求：

请根据相关的知识对其进行分析，并提出解决的措施。

2. **给定材料：**

工业窑炉的类型繁多、用途多样。因此，工业窑炉的节能技术改造途径很多。在实际应用中，对于不同类型的窑炉需要根据具体情况采取合理的节能技术改造方案。如，将窑炉的燃料由燃油改为燃用工艺过程回收的燃气，有的可将燃油、燃气改造为电加热等；采用平焰、双火焰、高速、可调焰等新型烧嘴，可节能 5%～10%；通过工业窑炉的结构改造，可以有效改善燃烧状况、缩小散热面积、增大窑炉的有效容积，从而达到减少能源消耗和提高产品的质量和产能目的；采用新型绝热材料或改善窑炉的绝热状况是一项非常重要的节能措施，达到既减少燃料消耗，又改善操作环境的目的；窑炉密封改造可提高其密封性以减少冷空气的渗入和热空气的泄漏所造成的热损失，取得良好的节能效果。

作答要求：

根据材料分析工业窑炉节能改造的内容主要有哪些。

第三节　绝　热　技　术

一、单选题

1. 按化学组成，绝热材料可分为有机材料和无机材料两大类，有机绝热材料具有密度小、（　）、吸湿时不易腐烂等特点。

A. 热导率大　　B. 热导率低　　C. 耐高温　　D. 来源不广泛

2. 根据使用的材料及施工方法，绝热结构保护层可分为金属保护层、玻璃丝布类保护层和（　）保护层。

A. 绑扎法绝热　　B. 涂抹式　　C. 装配式绝热　　D. 金属反射式绝热

3. 新型优质绝热材料（　）具有可塑性强、热导率低、容重轻、不污染环境等特点。

A. 复合硅酸盐绝热材料　　B. 聚苯乙烯泡沫塑料

C. 硬质聚氨酯泡沫塑料　　D. 轻质镁铝辐射绝热材料

4. 高温用的绝热材料，使用温度可在（　）以上。

A. 100 ℃　　B. 500 ℃　　C. 700 ℃　　D. 1 000 ℃

5. 绝热材料根据按体积密度分为轻质和（　）材料。

A. 重质　　B. 超轻质

C. 纤维状隔热材料　　D. 复合隔热材料

6. （　）是广泛采用的绝热结构型式。

A. 装配式绝热　　B. 绑扎法绝热　　C. 黏贴法绝热　　D. 金属反射式绝热

7. 各种工业炉窑、电加热炉、高温管道和设备等的绝热宜采用（　）。

A. 硅酸铝质耐火纤维材料　　B. 硬质聚氨酯泡沫塑料

C. 聚苯乙烯泡沫塑料　　D. 离心玻璃棉

8. 在潮湿地沟和保冷工程上宜采用（　）作为绝热结构的保护层。

A. 玻璃丝布类保护层　　B. 金属保护层

C. 涂抹式保护层　　D. 喷涂结构保护层

9. （　）温用绝热材料是热力设备及管道常用的绝热材料。

A. 高　　B. 中　　C. 低　　D. 恒

10. （　）适合于阀门法兰和膨胀节部位的可卸式保温结构。

A. 填充法绝热　　B. 涂抹法绝热　　C. 绑扎法绝热　　D. 装配式绝热

11. （　）特别适合于振动和高温工况。

A. 装配式绝热　　B. 涂抹法绝热　　C. 绑扎法绝热　　D. 金属反射式绝热

12. （ ）保护层应用最为广泛。

A. 金属　　B. 玻璃丝布类　　C. 涂抹式　　D. 绑扎式

13. （ ）防水性能差，对人的皮肤有刺激，不适用于冷冻、空调管道和设备的绝热。

A. 离心玻璃棉　　B. 岩棉

C. 膨胀珍珠岩　　D. 硬质聚氨酯泡沫塑料

14. （ ）不耐高温，适用于 70 ℃以下的管道、设备绝热和建筑绝热。

A. 离心玻璃棉　　B. 挤塑板

C. 苯板　　D. 硬质聚氨酯泡沫塑料

15. （ ）适用于建筑业、商业、工业用大罐体设备和管道的绝热保温，中央空调风管、水管的保温等。

A. 轻质镁铝辐射绝热材料　　B. 酚醛树脂发泡材料

C. 泡沫玻璃　　D. 橡塑绝热材料

二、多选题

1. 绝热结构的基本要求有（ ）。

A. 绝热结构要简单，尽量减少材料的消耗量

B. 有足够的机械强度

C. 价格便宜

D. 施工简便

2. 硬质聚氨酯泡沫塑料的特点是（ ）。

A. 绝热性能极好

B. 工艺性极佳，强度高

C. 成型工艺比较简单，可预制或现场发泡

D. 成本较高

3. 绝热结构保护层的主要作用是（ ）。

A. 防止外伤，便于设备和管道的远行维护

B. 防止雨水的侵入

C. 使绝热结构的外观整齐、美观

D. 对保冷工程有防潮隔汽的作用

4. 按绝热原理，绝热材料可分为（ ）。

A. 多孔材料　　B. 高温用绝热材料

C. 湿抹式绝热材料　　D. 反射材料

5. 高温设备和管道的绝热不宜采用（ ）绝热材料。

A. 硅酸铝质耐火纤维　　B. 硬质聚氨酯泡沫塑料

C. 轻质镁铝辐射绝热材料　　D. 聚苯乙烯泡沫塑料

三、判断题

1. 硬质聚氨酯泡沫塑料，绝热性能极好，工艺性极佳、强度高，适用于工业炉耐火砖间的填充料以及其他高温场所的绝热。（　）

2. 绝热结构保护层的应能够防止雨水的侵入。（　）

3. 涂抹法绝热不适用于露天或潮湿地点。（　）

4. 低温用的绝热材料，使用温度可在 100 ℃以下。（　）

5. 在多孔材料中，泡沫塑料的绝热性最差。（　）

6. 装配式绝热材料及外表保护层均由厂家供给定型制品，现场施工只需按规格就位，不用固定。（　）

7. 金属保护层应用最为广泛，适用于高温高压的蒸汽管道。（　）

第四节　蓄冷蓄热技术

一、单选题

1. 蓄冷蓄热的主要作用是（　）。

A. 削峰填谷　　B. 提高效率　　C. 节约能源　　D. 清洁环保

2. 目前应用较多的蓄热介质为水、油和（　）等，都属于显热蓄热。

A. 陶瓷　　B. 蒸汽　　C. 导热油　　D. 共晶盐

3. 水蓄冷中应用最广泛的是（　）。

A. 自然分层水蓄冷　　B. 迷宫式水蓄冷

C. 多槽/空槽式水蓄冷　　D. 隔膜式水蓄冷

4. 关于水蓄冷和冰蓄冷，下面说法错误的是（　）

A. 水蓄冷投资低　　B. 水蓄冷温度可低于 0 ℃

C. 冰蓄冷制冰工况下机组效率低　　D. 水蓄冷控制简单

5. 目前应用最多的电锅炉蓄热方式是（　）。

A. 常压水蓄热　　B. 高温水蓄热

C. 液态高温体蓄热　　D. 固态高温体蓄

6. 目前应用较多的蓄热介质为水、油和陶瓷等，都属于（　）。

A. 潜热蓄热　　B. 显热蓄热

C. 潜热蓄热和显热蓄热　　D. 以上答案都不正确

7. 如蓄冷量较大，布置立式蓄冷罐有困难时，优先选用（　）。

A. 多槽式蓄冷装置　　B. 自然分层水蓄冷

C. 迷宫式水蓄冷　　D. 隔膜式水蓄冷

8. 储存相同的冷量，水蓄冷比冰蓄冷所占据的空间（　）。

A. 小　B. 大　C. 相等　D. 无法确定

9. 下列不属于常见的蓄能介质的是（　）。

A. 水　B. 岩石　C. 陶瓷　D. 钢铁

10. 实际工程中采用较多的蓄冷蓄热模式是（　）。

A. 全量蓄冷（热）　B. 分量蓄冷（热）

C. 显热蓄冷（热）　D. 潜热蓄冷（热）

11. （　）贮存蒸汽热能的一种设备，用于负荷波动较大的供汽系统，可平衡对波动负荷的供汽，使锅炉负荷稳定。

A. 电蓄热锅炉　B. 自然分层水蓄冷

C. 迷宫式水蓄冷　D. 蒸汽蓄热器

12. 在冰蓄冷系统中，（　）传热效率高，将成为未来发展趋势。

A. 动态冰蓄冷　B. 静态冰蓄冷

C. 密封件式冰蓄冷　D. 冰盘管式冰蓄冷

二、多选题

1. 当前广泛使用的主要蓄冷蓄热技术和装置为（　）。

A. 冰（水）蓄冷　B. 电蓄热锅炉　C. 蒸汽蓄热器　D. 动态冰蓄冷

2. 关于水蓄冷与冰蓄冷，下面说法正确的是（　）。

A. 水蓄冷属于显热蓄冷，冰蓄冷属于潜热蓄冷

B. 存储相同的冷量，水蓄冷所需体积小于冰蓄冷所需的体积

C. 水蓄冷罐还可以用来进行蓄热

D. 水蓄冷所需投资低，冰蓄冷投资高

3. 蒸汽蓄热器的适用范围是（　）。

A. 用汽负荷波动较大的供热系统

B. 瞬时耗汽量极大的供热系统

C. 汽源间断供汽的或流量波动的供热系统

D. 需要储存蒸汽供随时需要的场合

4. （　）冰蓄冷属于动态冰蓄冷。

A. 刮削式　B. 过冷式　C. 冰盘管式　D. 真空冷冻式

5. 关于蓄冷蓄热的主要作用说法不正确的是（　）。

A. 削峰填谷　B. 提高利用效率　C. 节约能源　D. 清洁环保

6. 关于分量蓄冷（热）说法正确的是（　）。

A. 容量小　B. 初投资少　C. 控制系统复杂　D. 实际中采用较多

7. 对自然分层水蓄冷描述正确的是（　）。

A. 结构简单　B. 蓄冷效率较高　C. 初投资少　D. 经济效益较好

8. 关于静态冰蓄冷，说法正确的是（　）。

A. 分为密封件式和冰盘管式两种

B. 密封件式冰蓄冷传热效果较好，制冰融冰速度快，效率高

C. 冰盘管式冰蓄冷制冷剂用量大，易发生制冷剂泄漏和金属盘管腐蚀

D. 以上说法都不正确

9. 关于动态冰蓄冷，说法正确的是（ ）。

A. 根据制取冰晶的方式，分为刮削式、过冷式和真空冷冻式 3 种

B. 目前比较成熟的是刮削式冰蓄冷

C. 刮削式冰蓄冷的刮削部分易磨损，且加工精度要求高，造价较贵

D. 过冷式冰蓄冷将占据未来冰蓄冷的主要市场

10. 对常压水蓄热电锅炉说法正确的是（ ）。

A. 结构简单

B. 尤其适合蓄冷、蓄热一体化系统

C. 单位容积蓄热量小，占地面积大

D. 蓄热介质有效利用率不高，存在蓄热死区

11. 电蓄热锅炉常用的蓄热方式主要有（ ）。

A. 常压水蓄热　　B. 高温水蓄热

C. 固、液态高温体蓄热　　D. 相变介质蓄热

12. 电蓄热锅炉具有的特点是（ ）。

A. 适用于用汽负荷波动较大的供热系统

B. 热效率高，运行及维修费用低，经济效益好

C. 无污染，无废气或二氧化碳排放，无鼓、引风机及燃烧器的噪声污染

D. 为常压设备，安全性好，消防要求低，不必每年进行安全检查

13. 关于蒸汽蓄热器，说法正确的是（ ）。

A. 蒸汽蓄热器为一密闭压力容器

B. 蒸汽蓄热器安装在锅炉与用汽设备之间

C. 蒸汽蓄热器的蓄热和放热是通过内部饱和热水间接实现的

D. 蒸汽蓄热器分卧式和立式两种

三、判断题

1. 全量蓄冷（热）模式，相当于一个工作日的负荷被均摊在全天来承担，所以其容量最小。（ ）

2. 水蓄冷属于显热蓄冷，冰蓄冷则属于潜热蓄冷，每 1 kg 冰的潜热为 334 kJ/K，约为水比热容的 80 倍。（ ）

3. 潜热蓄冷（热）的温度变化较小。（ ）

4. 储存相同的冷量，水蓄冷比冰蓄冷所占据的空间小。（ ）

5. 静态冰蓄冷是当前广泛使用的主要蓄冷蓄热技术和装置。（ ）

6. 蒸汽蓄热器用在余热利用系统，能有效回收热量。 （ ）
7. 目前应用最多的电锅炉蓄热方式是高温水蓄热。 （ ）
8. 水蓄冷中应用最广泛的是多槽/空槽式水蓄冷。 （ ）
9. 蒸汽蓄热器是钢制圆柱形压力容器，分卧式和立式两种，一般采用立式。 （ ）
10. 蓄热器的空间充满饱和热水，通过饱和热水实现蓄热和放热。 （ ）

四、计算题

已知一个蒸汽蓄热器的单位蓄热能力 $g_0=40.77\ \mathrm{kg/m^3}$。根据给出的条件计算该蓄热器的设计容积。蓄热器的最大蓄热能力 $G_X=4\ 600\ \mathrm{kg}$；充水系数取 $\varphi=0.85$；热效率取 $\eta=0.99$。

第五节 燃烧节能技术

一、单选题

1. （ ）是一种高热强度和高效率的燃烧方式。
   A. 乳化燃烧　B. 旋风燃烧　C. 磁化燃烧　D. 脉冲燃烧
2. 在燃煤中加入少量化学助燃剂可以（ ）。
   A. 提高煤炭的着火温度　B. 提高燃烧效率
   C. 减慢燃烧速度　D. 放热最强峰后移
3. 下列关于脉冲燃烧控制的说法错误的是（ ）。
   A. 传热效率高，大大降低能耗
   B. 可提高炉内温度场的均匀性，无需在线调整即可实现燃烧气氛的精确控制
   C. 系统简单可靠，造价低，减少氮氧化物的生成
   D. 调节比大，容易产生噪声
4. 下列说法错误的是（ ）。
   A. 分层燃烧可增加锅炉漏煤量
   B. 磁化燃烧节能技术主要适用于液体燃料
   C. 燃煤添加化学助燃剂燃烧，能够改善煤炭的燃烧特性和着火温度
   D. 流化床燃烧适用于燃煤锅炉、废弃物焚烧等领域
5. 富氧燃烧技术是以（ ）作为助燃气体的一种高效强化燃烧技术。
   A. 氧含量低于21%的空气
   B. 氧含量高于21%的富氧空气或纯氧代替空气
   C. 氮气
   D. 二氧化碳
6. （ ）技术利用了机械筛分的办法，主要应用于燃煤工业锅炉。

A. 循环流化床燃烧 B. 脉冲燃烧 C. 分层燃烧 D. 乳化燃烧

7. （ ）是目前采用最广泛、技术上较成熟的低氮氧化物燃烧技术。

A. 空气分级燃烧 B. 燃料分级燃烧

C. 低过量空气系数燃烧 D. 烟气再循环

8. （ ）除了能大幅度降低氮氧化物排放外，还具有明显的低负荷稳燃性能。

A. 高浓度给粉 B. 燃烧器浓缩技术

C. 燃烧器浓缩技术 D. 烟气再循环技术

9. （ ）主要用于钢铁、冶金、机械、建材等行业。

A. 高温空气燃烧技术 B. 催化燃烧技术

C. 富氧燃烧技术 D. 高浓度煤粉燃烧技术

二、多选题

1. 分层燃烧的主要特点有（ ）。

A. 减少锅炉漏煤量 B. 提高燃烧温度

C. 保证煤层厚度均匀 D. 提高燃烧效率

E. 减少排烟量

2. 富氧燃烧的主要特点是（ ）。

A. 增大空气系数 B. 减少排烟量 C. 降低燃料的着火温度

D. 提高燃烧温度 E. 降低燃烧效率

3. 水煤浆燃烧过程包括：（ ）。

A. 蒸发水分预热级雾化

B. 加速加热水分完全蒸发，煤浆颗粒结团

C. 水煤浆中的挥发分析出并着火，形成火焰

D. 强力燃烧阶段，并伴有水煤气反应

E. 燃尽阶段

4. 垃圾焚烧技术主要的类型有：（ ）。

A. 层状燃烧技术 B. 流化床燃烧技术

C. 旋转燃烧技术 D. 旋风燃烧

5. 降低氮氧化物排放比较成熟的做法是（ ）。

A. 采用低过量空气系数燃烧 B. 空气分级燃烧

C. 燃料分级燃烧 D. 烟气再循环

6. 关于高温空气燃烧的说法正确的是（ ）。

A. 采用扩散燃烧或以扩散燃烧为主的燃烧方式，火焰体积显著扩大

B. 燃烧噪声高

C. 炉内火焰温度场分布均匀，炉内平均温度升高，加热能力提高

D. 低氧燃烧过程燃烧不充分，存在传统燃烧的局部高温、高氧区

7. 下列关于脉冲燃烧控制的说法正确的是（ ）。

A. 传热效率高，大大降低能耗

B. 可提高炉内温度场的均匀性，无需在线调整即可实现燃烧气氛的精确控制

C. 系统简单可靠，造价低，减少氮氧化物的生成

D. 启动无须使用风机，不用设置燃烧稳定后自动停止风机的装置

8. 催化燃烧技术的应用效果表现为：（ ）。

A. 降低煤炭的着火温度　　B. 显著减少氮氧化物排放

C. 提高煤炭的着火温度　　D. 改善煤炭的燃烧特性

三、判断题

1. 燃煤添加化学助燃剂燃烧依据煤炭燃烧化学反应原理，在燃煤中加入少量化学助燃剂，通过催化、活化等作用，提高煤炭的着火温度，从而提高燃烧效率。（ ）

2. 流化床燃烧具有燃烧效率高、氮氧化物排放高、低成本石灰石炉内脱硫等优点。（ ）

3. 高温空气燃烧技术，通过蓄热室回收废气的余热来助燃空气或预热煤气。（ ）

4. 脉冲燃烧可提高烧嘴的负荷调节比。（ ）

5. 高温空气燃烧技术适用于钢铁、冶金等行业。（ ）

6. 煤的分层燃烧技术可以使煤层阻力均匀，进而通风均匀，提高燃烧效率。（ ）

7. 锅炉分层燃烧可以减少锅炉漏煤量。（ ）

8. 富氧燃烧技术是以氧含量低于21%的空气作为助燃气体的一种高效强化燃烧技术。（ ）

9. 煤的分层燃烧技术发展较为成熟，适用于煤粉锅炉。（ ）

10. 流化床燃烧技术更适宜燃烧热值低、水分高的垃圾。（ ）

11. 乳化燃料燃烧过程中存在着“微爆”现象和“水煤气反应”。（ ）

12. 采用供气接近理论空气量的低过量空气系数燃烧是一种最简单的降低氮氧化物排放的方法。（ ）

13. 烟气再循环可降低进入炉膛的氧气浓度，提高燃烧温度，有利于降低氮氧化物。（ ）

14. 应用浓缩器浓缩技术可使无油稳燃负荷低至10%。（ ）

第六节 换热节能技术

一、单选题

1. 换热器的选型不正确的是（ ）。

A. 结构安全可靠　　B. 换热器应是最新型的

C. 换热器必须易于运行维护管理　　　　D. 换热器应经济

2. 强化传热的途径不正确的是（　）。

A. 提高传热系数　　　　B. 增大换热面积

C. 增大换热器型号　　　　D. 加大对数平均温差

3. 换热器根据冷、热流体热量交换的原理和方式可分为间壁式、蓄热式和（　）。

A. 板式　　B. 管式　　C. 紧凑式　　D. 混合式

4. 换热器热力计算分为设计计算和校核计算，其方法有（　）和传热有效性-传热单元数法。

A. 平均值法　　B. 平均温差法　　C. 优化分析法　　D. 优化计算法

5. （　）技术最初仅用于航天领域和电子工业领域，现已在工业余热利用和工艺过程利用、电子装置及电器设备冷却、太阳能利用等方面得到了广泛的应用。

A. 换热器　　B. 热管　　C. 热泵　　D. 蓄冷蓄热

6. （　）具有传热效率高、结构紧凑、流体阻损小、可靠性强、有利于控制露点腐蚀等优点，特别适用于易然、易爆、腐蚀性强的流体换热场合以及低品位热能的回收。

A. 夹套式换热器　　B. 热管换热器　　C. 沉浸式换热器　　D. 套管式换热器

7. （　）的特点是利用高品位能量作为循环的驱动力、结构紧凑、便于调节。

A. 吸收式热泵　　　　B. 蒸汽喷射式热泵

C. 蒸汽压缩式热泵　　　　D. 不确定

8. 在表面式换热器中，冷流体和热流体按相反方向平行流动称为（　）换热器。

A. 顺流　　B. 逆流　　C. 交叉流　　D. 混合流

9. 换热器中冷、热流体能直接接触的是（　）。

A. 表面式换热器　　B. 混合式换热器　　C. 蓄热式换热器　　D. 间壁式换热器

10. 下列属于混合式换热器的是（　）。

A. 套管式换热器　　B. 喷淋式换热器　　C. 冷却塔　　D. 管壳式换热器

11. 关于间壁式换热器正确的是（　）。

A. 间壁式换热器的传热面不能用非金属材料制造

B. 间壁式换热器的冷热流体之间可以互相接触

C. 间壁式换热器也称表面式换热器

D. 冷却塔属于间壁式换热器

12. （　）技术是实现换热节能的主要途径之一。

A. 强化换热　　B. 强化导热　　C. 强化对流　　D. 强化辐射

13. （　）主要由真空密封管、吸液芯及蒸气通道 3 部分组成。

A. 热泵　　B. 换热器　　C. 热管　　D. 蒸发器

二、多选题

1. 在换热节能技术中，强化换热能够显著改善换热器的传热性能，强化换热的基本途径有（　）。

A. 增大传热面积　B. 增大传热温差　C. 提高传热系数　D. 降低流速

2. 强化传热的方法主要有（　）。

A. 强化导热　B. 强化对流　C. 强化热辐射　D. 以上都不是

3. 在相同的进、出口温度条件下，不同流动型式平均温差的大小具有下述特点（　）。

A. 逆流的平均温差最大　B. 顺流的平均温差最小

C. 交叉流的平均温差最小　D. 交叉流的平均温差最大

4. 强化辐射换热的方法有（　）。

A. 增加换热表面粗糙度及使用氧化膜涂层

B. 在气体中掺加固体颗粒

C. 辐射板、多孔体材料、辐射翅片

D. 采用光谱选择性辐射表面

5. 换热器的设计计算主要包括（　）。

A. 热力计算　B. 结构计算　C. 流动阻力计算　D. 强度计算

6. 强化对流换热的方法有（　）。

A. 破坏或减薄流体速度边界层　B. 增强流体的湍流度

C. 减薄热边界层　D. 采用导热系数较高的材料

7. 热泵系统主要由（　）等部分组成。

A. 蒸发器　B. 压缩机　C. 冷凝器　D. 膨胀阀

8. 根据冷热流体热量交换的原理和方式，换热器可分为（　）。

A. 间壁式　B. 混合式　C. 套管式　D. 蓄热式

9. 按照工作原理，热泵可分为（　）。

A. 太阳能热泵　B. 蒸汽压缩式热泵　C. 吸收式热泵　D. 吸附式热泵

10. 按照供热温度，热泵可分为（　）。

A. 太阳能热泵　B. 低温热泵　C. 常温热泵　D. 高温热泵

11. 按照管内工作温度，热管可分为（　）。

A. 低温热管　B. 常温热管　C. 中温热管　D. 高温热管

12. 下列属于热管基本特性的是（　）。

A. 很高的导热性　B. 优良的等温性

C. 热流方向可逆性　D. 恒温特性

13. 壳程强化传热的途径主要有（　）。

A. 改变管子外形或在管外加翅片，即通过管子形状和表面特性的改变来强化传热

B. 缩短壳程

C. 改变壳程管间支撑物结构，以减少或消除壳程介质流动与传热的滞留死区

D. 选用大型换热器

14. 强化导热过程中，减少导热热阻的方法主要有（　）。

A. 提高接触表面光洁度或增加物体间的接触压力，增加接触面积

B. 在接触面之间充填导热系数较高的气体，如氦气

C. 在接触表面上用化学方法添加软金属涂层或加软金属垫片

D. 应用导热硅橡胶复合材料

15. 强化传热的主要目的是（　）。

A. 提高流体的输送功率消耗和高温部件的温度

B. 缩小设备尺寸

C. 提高换热效率

D. 保证设备安全

三、判断题

1. 间壁式换热器是两种流体分别在固定壁面两侧通过两侧流体与壁面的对流换热及壁面的导热而实现热量传递的。（　）

2. 混合式换热器是利用冷、热流体交替流经蓄热室中的蓄热体表面，从而进行热量交换的换热器。（　）

3. 吸收式热泵特别适用于低品位热源的能量回收，是应用最普遍的一种热泵。（　）

4. 增大传热温差的主要途径是采取强化传热过程的技术措施降低传热热阻。（　）

5. 热管绝热段的作用是当热源与冷源隔开时，确保管内的工作液不与外界进行热量交换。（　）

6. 热泵与制冷机的工作原理、使用目的都相同。（　）

7. 利用热管可以把周围环境那些不能直接利用的低品位热能提高品质变为有用的热能加以利用。（　）

四、分析题

给定材料：

某单位需要解决职工洗澡问题。该单位有蒸汽源，可选换热器有以下几种类型：

1. 间壁式换热器，是指两种不同温度的流体分别在由传热面相隔的空间内流动，通过两侧流体与壁面的对流换热及壁面的导热而实现热量传递的换热器，是工程应用中最为广泛的一类换热器，但此类换热器用汽、液交换时有疏水损失。

2. 混合式换热器，是通过冷、热流体的直接接触、混合进行热量交换的换热器，又称接触式换热器。由于冷热流体混合换热后必须及时分离，这类换热器尤其适合于气（汽）、液流体之间的换热。

3. 蓄热式换热器，是利用冷、热流体交替流经蓄热室中的蓄热体表面，从而进行热量交换的换热器，主要用于回收和利用高温废气的热量，适合对介质混合要求比较低的

场合。

作答要求：

请根据你所掌握的知识，分析一下选用上述哪种换热器比较经济。

五、计算题

1. 已知水–水换热器的换热量为 1 MW，传热系数为 1 100 W/(m^2·K)。一次网的供水温度为 95 ℃，回水温度为 70 ℃，二次网的供水温度为 60 ℃，回水温度为 50 ℃，换热器采用逆向流动，不考虑水垢影响。计算该换热器的传热面积。

2. 在套管换热器中用 20 ℃的冷却水将某溶液从 100 ℃冷却至 60 ℃，溶液流量为 1 500 kg/h，溶液比热容为 3.5 kJ/(kg·℃)，已测得冷却水出口温度为 40 ℃。

(1) 试计算顺流和逆流操作条件下的对数平均温差；

(2) 若已知顺流和逆流操作时的总传热系数为 1 000 W/(m^2·℃)，试求两种操作条件下所需传热面积。

第七节 余热余压利用技术

一、单选题

1. （ ）资源的特点是温度较低、排出量大。

A. 低温余热 B. 中温余热 C. 高温余热 D. 过热蒸汽

2. 低温余热利用的余热温度较低，一般小于（ ）。

A. 100 ℃ B. 200 ℃ C. 300 ℃ D. 650 ℃

3. 某钢厂的高温炉尾烟气的温度为 600～900 ℃，其余热利用方法一般不采用（ ）。

A. 余热锅炉 B. 进料预热 C. 热泵 D. 空气预热

4. 热处理炉尾烟气的温度一般为 400～500 ℃，其余热利用方法可采用（ ）。

A. 余热锅炉 B. 空气预热器 C. 热泵 D. 热管

5. 对于温度高于 900 ℃的工业烟气等，其最经济有效的余热利用方法是（ ）。

A. 预热助燃空气 B. 余热锅炉产生蒸汽发电

C. 进料预热 D. 热泵

6. 印染工艺过程中常采用将蒸汽直接加入物料中进行加热的方式，其废水温度一般为 60 ℃左右。下列说法正确的是（ ）。

A. 废水回收到锅炉再利用 B. 加热锅炉给水

C. 预热进料 D. 只能回收废水的热量

7. （ ）是煤气透平与电动机同轴驱动的高炉轴流压缩机组三机组的组合。

A. 高炉鼓风机同轴机组 B. 热电联产机组

C. 高炉炉顶煤气余压回收透平发电装置 D. 以上都不对

二、多选题

1. 某企业加热炉的排烟气温度为 700 ℃左右，其余热利用方法可采用（ ）。

A. 余热锅炉　　B. 热泵　　C. 进料预热　　D. 空气预热

2. 大多数的轻工、化工、纺织、印染、制药等行业都有大量的 30～60 ℃的废水排放，这部分余热的利用应考虑（ ）。

A. 直接加热设备的废热水不能直接利用

B. 加热锅炉给水

C. 间接加热设备的凝结水和余热可以一起回收到锅炉再利用

D. 只能回收直接加热设备废热水的热量

3. 低温余热资源品位低，但数量巨大，一般包括（ ）。

A. 200～300 ℃的烟气　　B. 低于 200 ℃的烟气

C. 200～300 ℃的液体　　D. 低于 100 ℃液体

4. 锅炉排污水温度一般在 200～300 ℃之间，其余热的利用常采用（ ）。

A. 利用排污膨胀器回收余热　　B. 引入换热器加热给水

C. 余热锅炉　　D. 热泵

5. 余热利用的方法包括（ ）。

A. 过热蒸汽余压发电　　B. 热回收

C. 动力回收　　D. 以上都不对

6. 常用的余热回收装置有（ ）。

A. 余热锅炉　　B. 热交换器　　C. 热泵　　D. 动力回收装置

7. 余热锅炉可分为（ ）。

A. 高温余热锅炉　　B. 烟道式余热锅炉

C. 管壳式余热锅炉　　D. 低温余热锅炉

8. 常用的中温余热回收利用装置有（ ）。

A. 蒸汽锅炉空气预热器　　B. 高炉同流换热器

C. 炼焦炉同流换热器　　D. 燃气轮机再热器

9. 高炉煤气余压发电技术包括的关键技术主要是（ ）。

A. 煤气净化　　B. 透平发电

C. 高炉鼓风机　　D. 高炉轴流压缩机组

10. 干式高炉炉顶煤气余压回收透平发电装置的特点是（ ）。

A. 节水　　B. 节电

C. 发电功率高　　D. 利于煤气综合利用

11. 高炉鼓风机同轴机组的特点是（ ）。

A. 避免了能量相互转换时的效率损失　　B. 使炉顶压力更稳，炉况更好

C. 降低了噪声，改善了生产环境　　D. 投资较少，节省占地面积

三、判断题

1. 按照温度不同，余热可划分为高温余热、中温余热和低温余热。 （ ）

2. 一般立式、卧式烟火管锅炉的烟气余热都属于高温余热。 （ ）

3. 低温余热因温度较低，可不要求回收利用。 （ ）

4. 对锅炉供热系统进行技术改造，采用小型背压机组，不利于能源的梯级利用，节能效果不明显。 （ ）

5. 加装换热器，利用余热预热助燃空气和进料是高温余热利用最经济、最有效的方法。 （ ）

6. 中低温的余热资源多数作为预热锅炉给水或预热锅炉补充水的热源。 （ ）

7. 高炉炉顶煤气余压回收透平发电装置分为湿式和干式两种，湿式装置是未来的发展趋势。 （ ）

8. 高炉鼓风机同轴机组由电能和煤气能双能源驱动，具有高炉鼓风机的功能。 （ ）

四、分析题

给定材料：

某企业的窑炉烟道温度高达 900 ℃。

高温余热的基本知识如下：

高温余热的利用途径主要有余热发电、空气预热、进料预热、预热锅炉给水等。

高温余热的利用方式主要有三种：

（1）余热锅炉：利用余热锅炉回收高温烟气的余热产生蒸汽是最经济、最有效的方法。

（2）加装换热器，预热助燃空气和进料：利用高温废气的余热加热空气和进料，不仅可以减少燃料的消耗，而且燃料与空气的预热提高了燃烧温度和炉膛温度，可以提高产品产量。对于低热值燃料，效果更为明显。例如，热处理炉的排烟温度一般为 850 ℃，在它的尾部烟道安装辐射换热器用来预热空气。一般预热空气的温度可达排烟温度的 50%，节约能源 20%左右。

（3）高温固体余热的利用：回收高温固体的余热比较困难。对于颗粒较小的高温固体，近来多采用流态化过程来回收余热；对于大块的高温固体，现在多使用气体或液体载体进行余热回收。

作答要求：

请根据你所掌握的知识，试分析用何种方式回收该企业的这一余热资源，并可用作哪些用途。

第八节　输配电系统节能技术

一、单选题

1. 变压器的空载损耗主要是（　）。

A. 铜损　B. 铁损　C. 铜损加铁损　D. 机械损耗

2. 大型工厂和某些负荷较大的中型工厂一般采用的进线电源电压是（　）。

A. 35～110 kV　B. 10 kV　C. 0.4 kV　D. 6 kV

3. 输电的主要功能是（　）。

A. 大容量、远距离输送电能　B. 近距离输送电能

C. 远距离输送电压　D. 近距离输送电压

4. 采用高压输电时，若电压提高一倍，则电流在导线中产生的热量（　）。

A. 升高到原来的二倍　B. 不变

C. 降为原来的二分之一　D. 降为原来的四分之一

5. 关于谐波，下列说法错误的是（　）。

A. 减少了供用电设备的损耗　B. 影响电力测量的准确性

C. 影响继电保护的可靠性　D. 会造成通讯混乱

6. 关于对变压器进行随器无功补偿，下列说法错误的是（　）。

A. 可以提高供电系统的功率因数　B. 减少了线路损耗

C. 可以改善电网质量　D. 减少了变压器的输出容量

7. 输电电压每经一次电压变换，大约要消耗（　）的有功功率。

A. 0.5%～1%　B. 1%～1.5%　C. 1%～2%　D. 2%～3%

8. 两台相同规格及特性的变压器并联运行，实际负荷为 480 kVA，临界负荷为 460 kVA，下列说法正确的是（　）。

A. 运行一台经济　B. 运行两台经济

C. 运行一台或两台，变压器总损耗不变　D. 无法确定

9. 对电网进行无功补偿，下列说法错误的是（　）。

A. 减少输电线路的电流　B. 减少输电线路的电能损耗

C. 减少输电线路的电阻　D. 提高电网的功率因数

10. 不属于节能变压器的是（　）。

A. S10－630/10　B. S11－630/10　C. S7－630/10　D. SG11－630/10

11. 在供电系统中，要求三相平衡的目的是（　）。

A. 提高功率因数　B. 提高设备效率　C. 减少线路损耗　D. 保持电压稳定

二、多选题

1. 电力系统是由（　）组成的供电系统。

A. 发电机　　B. 变压器　　C. 电力线路　　D. 用户

2. 减少线路损耗的措施有（　）。

A. 采用高压或超高压输电　　B. 安装无功补偿设备

C. 减少变压级数　　D. 合理配置变压器

3. 产生谐波的主要装置有（　）。

A. 变频装置　　B. 电弧炉　　C. 荧光灯　　D. 晶闸管整流设备

4. 目前电力系统进行谐波控制的方法主要是采用（　）。

A. 无源滤波器　　B. 有源滤波器

C. 混合型电力滤波器　　D. 电抗器

三、判断题

1. 表征电能质量的主要指标是电压、电流和频率。（　）

2. 变压器的容量选择保证负荷在65%～75%时效益最高。（　）

3. 在供电系统中处理好导线接头，可以减少导线接头的接触电阻，增加线路损耗。（　）

4. 变压器单位容量的有功损耗最小时的负荷称为变压器的经济负荷，变压器额定容量与变压器的经济负荷之比称为变压器的经济负荷率。（　）

5. 电力谐波不会造成继电保护及自动装置误动作或拒动作。（　）

四、分析题

给定材料：

实施以下三项措施可以减少输电线路运行中的损耗：

（1）调整电压；（2）三相负载要平衡；（3）处理好导线接头。

作答要求：

根据以上措施，结合企业实际情况，谈谈如何减少输电线路运行中的损耗。

要求：有针对性，结合实际，措施可行，字数不超过300字。

五、计算题

1. 某企业有一台S9－500/10型变压器，已知：$S_N=500$ kV·A，$\Delta P_0=0.96$ kW，$\Delta P_K=5.15$ kW，$\Delta Q_0=5$ kvar，$\Delta Q_N=20$ kvar，$K_q=0.1$，请计算该变压器经济负载率β_j。

提示：$\beta_j=\sqrt{\dfrac{\Delta P_0+K_q\Delta Q_0}{\Delta P_K+K_q\Delta Q_N}}$

2. 某用户某段时间内消耗的有功电能为86 000 kW·h，消耗的无功电能为38 000 kvar·h，求该用户在该段时间内的平均功率因数。

第九节　电机系统节能技术

一、单选题

1. YX 系列电动机的平均效率比 Y 系列电动机高（　）。

A. 5%　　B. 3%　　C. 10%　　D. 1%

2. 水泵变频调速前的输入功率为 P_1，转速为 n_1；调速后的输入功率为 P_2，转速为 n_2。水泵输入功率 P 和转速 n 的关系是（　）。

A. $P_2/P_1=(n_2/n_1)^3$　　B. $P_2/P_1=(n_2/n_1)^2$

C. $P_2/P_1=n_2/n_1$　　D. 无法确定

3. 关于是否更换电动机，下列说法错误的是（　）。

A. 负荷系数<30%更换

B. 负荷系数<40%更换

C. 40%<负荷系数<70%时须经技术比较后确定

D. 负荷系数>70%不更换

4. 电动机的运行效率是（　）。

A. 电动机输出功率与输入功率的比值　　B. 电动机输出功率与额定功率的比值

C. 电动机运行电流与额定电流的比值　　D. 电动机损耗与额定功率的比值

5. 能够改善电网功率因数的电机是（　）。

A. 发电机　　B. 三相异步电动机

C. 直流电动机　　D. 同步电动机

6. 空气压缩机采取哪种方式输送气体能够减少沿程能量损失（　）。

A. 大管颈、低流速　　B. 大管径、高流速

C. 小管径、低流速　　D. 小管径、高流速

7. 电动机“大马拉小车”运行导致电动机（　）。

A. 效率升高　　B. 效率降低　　C. 效率不变　　D. 功率因数升高

8. 稀土永磁电动机的特点是（　）。

A. 效率高　　B. 效率低　　C. 调速范围小　　D. 体积大

9. 交流电动机同步转速公式中 $n_0=\frac{60f}{p}$，p 指的是（　）。

A. 定子绕组磁极对数　　B. 转子绕组磁极对数

C. 定子绕组磁极数　　D. 转子绕组磁极数

10. 选用风机时，力求使风机的额定流量和额定压力，尽量接近工艺要求的流量和压力，按正常操作流量的（　）倍及风压余量不超过10%的要求考虑选用风机。

A. 1.0～1.1　　B. 1.1～1.5　　C. 1.1～1.15　　D. 1.0～1.5

11.（　）途径不可以实现空气压缩机节能。

A. 选用节能型电动机　　B. 提高机械传动效率

C. 提高排气压力　　D. 减少摩擦损耗

二、多选题

1. 感应电动机的工作特性包括（　）。

A. 转速特性　　B. 电流特性

C. 电压特性　　D. 效率特性

2. 电动机低负荷运行时（　）。

A. 运行效率降低　　B. 运行效率升高

C. 功率因数降低　　D. 功率因数升高

3. 对于三相交流异步电动机，采用软起动器装置能够（　）。

A. 增大启动力矩　　B. 减少启动电流

C. 减少电网的谐波　　D. 提高功率因数

4. （　）措施能够实现空气压缩机经济运行。

A. 提高冷却水系统水流量　　B. 采用软化水作冷却水

C. 实现变频控制　　D. 合理设定工作压力

三、判断题

1. 水泵变频改造后，既节约电能还可以实现恒压供水。（　）

2. 用于电动机启动的电子软启动器，对电动机具有过载、过流、过热、缺相等保护功能。（　）

3. 增加冷凝器冷却水量措施可以实现制冷机的经济运行。（　）

4. 电动机直接启动会造成电机损耗增加，使电机绕组发热加速绝缘老化，影响电机的使用寿命。（　）

5. 电动机额定输出功率应为选择负荷功率的 1.10～1.15 倍较合适。（　）

四、分析题

给定材料：

某企业有一台 6 t/h 锅炉，配备 22 kW 引风机一台和 7.5 kW 鼓风机一台，采用变频器调节风机转速来控制炉膛负压后，节能效果非常明显。

作答要求：

根据以上现象，分析采用变频调速有哪几方面的作用？要求字数不超过 300 字。

五、计算题

某台水泵的转速为 1 480 r/min，输入功率为 35 kW。改为变频调速控制后，转速降为 1 260 r/min。请问变频后水泵的输入功率是多少？提示：$P_2/P_1=(n_2/n_1)^3$

第十节 电化学节能技术

一、单选题

1. 电解质溶液发生电解反应时，阳离子向阴极迁移，在阴极表面得到电子而发生的反应是（ ）。

A. 氧化反应 B. 还原反应 C. 中和反应 D. 复分解反应

2. 氯碱生产中升高电解液温度可以（ ）。

A. 提高槽电压 B. 降低槽电压 C. 槽电压不变 D. 不确定

3. 目前氯碱生产中节能效果最显著的方法是（ ）。

A. 隔膜法 B. 水银法 C. 离子膜法 D. 自焙阳极电解

4. 电解电镀中的电流效率是（ ）。

A. 实际电流与额定电流的比值 B. 反应物的实际产量与理论产量的比值
C. 实际电流与输入电流的比值 D. 反应物的理论产量与实际产量的比值

5. 电化学生产过程中（ ）。

A. 电流非常大 B. 电流非常小 C. 电压非常高 D. 电能消耗非常小

6. 减少电解槽、电镀设备直流网络电能损失的方法是（ ）。

A. 缩短整流电源至设备的供电线路长度 B. 延长整流电源至设备的供电线路长度
C. 减少供电线路截面积 D. 提高供电线路的输出电压

7. 电解设备运行过程中，电流效率和平均槽电压应（ ）测算一次。

A. 每天 B. 每周 C. 二周 D. 每月

8. 下列哪种整流电源设备效率最高、综合性能最好（ ）。

A. 硅整流电源 B. 晶闸管整流电源
C. 高频开关电源 D. 电阻开关电源

9. 电化学反应中，阴极附近金属离子放电还原成金属的过程称为（ ）。

A. 金属的阴极过程 B. 金属的阳极过程
C. 金属的电离过程 D. 金属的熔解过程

10. 下列哪种电化学工业领域不属于电化学加工（ ）。

A. 电铸 B. 电镀 C. 电解铝 D. 电解磨削

二、多选题

1. 采用下列哪些措施能够实现电解槽节电（ ）。

A. 提高槽电压 B. 降低槽电压 C. 提高电流效率 D. 降低电流效率

2. 采用下列哪些措施可以实现电解节电（ ）。

A. 采用高效电力整流电源 B. 降低电解设备的直流电压降
C. 加强电解槽保温 D. 使用添加剂

3. 采用下列哪些措施可以实现电解节能（ ）。

A. 改进工艺　　B. 适当减少母线排的截面积

C. 离子膜法生产氯碱　　D. 改进电极

三、判断题

1. 在电化学反应中，阴极附近金属离子放电还原成金属的过程称为金属的阴极过程。（ ）

2. 使用添加剂，对于加速电化学反应过程，提高反应质量和效率有着明显的作用。（ ）

3. 在电化学生产过程中，同人工控制相比，采用计算机控制技术控制各种操作及运行参数，不能提高电流效率。（ ）

4. 平均槽电压是测试期内整套设备各单槽电压的算术平均值。（ ）

5. 电解质溶液中离子数量多、电场力强、溶液黏度大，则导电能力强。（ ）

第十一节　电加热节能技术

一、单选题

1. 电加热与燃料加热相比，下列叙述错误的是（ ）。

A. 热效率高　　B. 电热功率密度大

C. 温度控制准确　　D. 炉内气氛不易控制

2. 电加热生产中的"热短路"指的是（ ）。

A. 金属器件将炉内壁和炉外壁连接　　B. 炉子之间外壁被金属器件连接

C. 炉内壁金属和电源连接　　D. 炉外壁金属和电源连接

3. 中温电阻炉的工作温度一般在（ ）。

A. 500～700 ℃　B. 700～1 200 ℃　C. 1 200～1 500 ℃　D. 1 500～2 000 ℃

4. 关于电弧炉，下列说法正确的是（ ）。

A. 超高功率供电用电单耗低　　B. 超高功率供电电弧炉效率低

C. 低功率供电用电单耗低　　D. 低功率供电电炉效率高

5. 关于电弧炉采用泡沫渣技术，下列说法不正确的是（ ）。

A. 提高了电弧炉的热效率　　B. 缩短了冶炼时间

C. 延长了电弧炉的使用寿命　　D. 增加了电弧的热辐射损失

6. 按交变磁场的频率划分，中频感应炉的频率范围是（ ）。

A. 30～50 Hz　　B. 50～10 000 Hz

C. 10 000～20 000 Hz　　D. 10 000～30 000 Hz

7. 有心感应炉的感应体由哪几部分组成（ ）。

A. 感应器、铁心和磁轭、熔沟、外壳　B. 变压器、铁心和磁轭、熔沟、外壳
C. 感应器、坩埚、熔沟、外壳　D. 电容器、铁心和磁轭、熔沟、外壳

8. 对于脱水干燥的远红外加热炉，下列说法正确的是（ ）。
A. 无需对炉体保温　B. 无需对炉体进行密封
C. 炉内排风、增加对流　D. 减小辐射面积

9. 关于电阻炉节能技术，下列说法不正确的是（ ）。
A. 增加炉门开放时间　B. 减少炉体散热损失
C. 应采用大容量炉子　D. 改善炉内功率和温度分布

10. 关于感应炉，下列说法不正确的是（ ）。
A. 选择节能型电炉　B. 采用合理的装料方法
C. 降低有心感应炉感应体的性能　D. 合理控制炉温及冷却水温

二、多选题

1. 采用下列哪些措施可以实现电加热设备节电管理（ ）。
A. 加强维护保养，减少设备热损失
B. 尽量实行集中生产，让设备连续满负荷运行
C. 制定科学的工艺操作规程
D. 加强定额考核

2. 采用下列哪些措施可以实现感应炉节电（ ）。
A. 减小短网线路损耗　B. 降低感应炉的负荷率
C. 优化工艺运行参数　D. 增加无功补偿，提高功率因数

3. 采用下列哪些措施可以实现电弧炉节电（ ）。
A. 采用偏心底出钢技术　B. 强化用氧技术
C. 废钢预热　D. 减少短网电能损耗

三、判断题

1. 电加热设备不包含远红外加热设备。（ ）
2. 保证感应炉有较高的负荷率可以提高感应炉的效率。（ ）
3. 连续运行的电阻炉比间断运行的电阻炉效率高。（ ）
4. 使用直流电弧炉炼钢可以使熔化期缩短，电耗减少。（ ）
5. 远红外加热设备效率的高低与合理配置远红外线辐射元件无关。（ ）

四、分析题

给定材料：

对于远红外加热炉，为了减少散热损失，要对炉体进行保温和密封；但对于脱水干燥加热炉应采取排风措施。

作答要求：

根据“给定材料”，谈谈对于脱水干燥加热炉为何采取排风措施，其目的是什么。

要求：准确，针对性强，字数不超过100字。

第十二节 照明节能技术

一、单选题

1. 下列光源中发光效率最低，使用寿命最短的是（ ）。

A. 白炽灯　B. 荧光灯　C. LED灯　D. 金卤灯

2. 办公照明应选用哪种灯具（ ）。

A. 白炽灯　B. 荧光灯　C. 低压钠灯　D. 高压钠灯

3. 最有发展前景的光源是（ ）。

A. 普通荧光灯　B. 紧凑型荧光灯

C. LED灯　D. 高效金属卤化物灯

4. 电子镇流器的自身功耗相当于普通型电感镇流器的（ ）。

A. 25%～33%　B. 50%　C. 20%　D. 15%

5. 紧凑型荧光灯同白炽灯相比节电（ ）。

A. 10%～20%　B. 30%～40%　C. 77%～86%　D. 90%～95%

6. 电光源特性中的光视效能是指（ ）。

A. 电光源输入的电功率与光通量之比

B. 电光源发出的光通量与输入的电功率之比

C. 电光源输入的电功率与光的照度之比

D. 电光源照度与输入的电功率之比

7. 关于光源的有效寿命，是指灯开始点亮至（ ）。

A. 灯点不亮自然损坏的时间

B. 光通量衰减到额定值的50%的时间

C. 光通量衰减到额定值的70%～80%的时间

D. 光的照度衰减到额定值的70%～80%的时间

8. 电光源最重要的特性是（ ）。

A. 寿命　B. 色温　C. 显色性　D. 光视效能

二、多选题

1. 下列光源属于气体放电发光光源的是（ ）。

A. 白炽灯　B. 荧光灯　C. 氙灯　D. 高压钠灯

2. 紧凑型荧光灯的特点（ ）。

A. 光效高　　B. 使用寿命长　　C. 体积小　　D. 启动慢

3. 光源特性包括（　）。

A. 光视效能　　B. 色温　　C. 光源寿命　　D. 照度

4. 下列哪种措施可以实现照明节能（　）。

A. 选择高效灯具　　B. 使用电子镇流器

C. 选择高效电光源　　D. 选择合理照度

三、判断题

1. LED 灯是一种冷光源，产生的热量极少，效率非常高。（　）

2. 热辐射电光源的启动性能好，能瞬间启动，气体发光电光源大多不能瞬间启动。（　）

3. 室内用灯具的效率不低于 40%，室外用灯具的效率不低于 70%，室外投光灯具不低于 55%。（　）

4. 高效电光源节电量的计算包括两个方面，寿命节电量计算和年节电量计算。（　）

5. T8 荧光灯比 T5 荧光灯可节电 20%～30%。（　）

四、计算题

用一支 20 W（P_d）紧凑型荧光灯代替一支 100 W（P_g）白炽灯，可以认为其光通量大致相同。电子镇流器的功耗为 3 W（ΔP_g），年照明时数为 2 000 h（h_{gn}），替代使用后，年节电量（W_{zn}）是多少？

第二章　新能源及可再生能源利用技术

第一节　太阳能利用技术

一、单选题

1. 全玻璃真空管式太阳能集热器的核心部件是（　）。

A. 壳体　B. 透明盖板　C. 玻璃真空集热管　D. 隔热材料

2. 工作温度范围在（　）的太阳能集热器被称为高温集热器。

A. 200 ℃以上　B. 150 ℃以上　C. 100 ℃以上　D. 80 ℃以上

3. （　）是目前最成熟的太阳能电池。

A. 硅太阳能电池　B. 非晶硅太阳能电池

C. 多元化合物电池　D. 聚光太阳能电池

4. 下列不属于聚光类太阳能热发电技术的是（　）。

A. 塔式太阳能热发电　B. 槽式太阳能热发电

C. 太阳能热气流发电　D. 碟式太阳能热发电

5. 以下几项不属于平板型太阳能集热器技术的优点的是（　）。

A. 工艺简单，加工和运行成本低　B. 可常压运行，无安全隐患

C. 使用寿命长　D. 昼夜温度均匀，表面热损失小

二、多选题

1. 太阳能空调的优点主要有（　）。

A. 环保　B. 季节适应性好　C. 价格低　D. 利用率高

2. 全玻璃真空式太阳能集热器的优点是（　）。

A. 结构简单、制造方便、可靠性强　B. 集热效率高、保温性能好

C. 使用寿命长、一年四季都可使用　D. 价格便宜

3. 太阳能热水器由（　）等主要部件组成。

A. 集热器　B. 保温水箱　C. 连接管路　D. 阀门

4. 聚光类热发电利用聚光集热器把太阳辐射能转变成热能，然后通过汽轮机、发电机来发电，主要有（　）几种形式。

A. 塔式太阳能热发电　B. 碟式太阳能热发电

C. 槽式太阳能热发电　D. 太阳能热气流发电

5. 热管真空管式太阳能集热器具有（　）等优点。

A. 工作温度高　B. 承压能力大

C. 生产成本低，技术要求低　D. 耐热冲击性能好

6. 属于利用太阳能集热器等将太阳能转换为热能，以热能为驱动力进行制冷的太阳能制冷技术的是（　）。

A. 太阳能吸收式制冷系统　　B. 热电式制冷

C. 太阳能除湿式制冷系统　　D. 太阳能吸附式制冷系统

7. 太阳能光伏发电系统的运行方式有（　）。

A. 并网运行　　B. 离网运行　　C. 混合运行　　D. 单线运行

三、判断题

1. 太阳能是太阳内部连续不断的核裂变反应过程产生的能量。（　）

2. 太阳能热水器是太阳能热利用的主要方式之一。（　）

3. 太阳能发电有两种方式，一种是光—热—电转换方式，另一种是光—电直接转换方式。（　）

4. 太阳能光伏发电系统的运行方式主要分为并网运行、离网运行两类方式。（　）

5. 用于太阳能电池的半导体材料是一种介于导体和绝缘体之间的特殊物质。（　）

6. 太阳池就是一种集中储存太阳能的方式，并可作为热源使用。（　）

第二节　地热能利用技术

一、单选题

1. 地壳中的地热主要靠（　）传输。

A. 导热　　B. 辐射　　C. 对流　　D. 辐射和对流

2. 地热制冷空调所需的地热水温度一般要求在（　）℃以上。

A. 50　　B. 75　　C. 150　　D. 200

3. 液体温度为 200～400 ℃的地热能主要用于（　）和综合利用。

A. 发电　　B. 供热　　C. 供热水　　D. 工业热加工

4. 目前热水型地热电站有两种循环系统，分别是（　）系统和双循环系统。

A. 单循环　　B. 多循环　　C. 闪蒸　　D. 增压

5. 发电对地热流体温度要求较高，一般要求（　）℃以上。

A. 50　　B. 80　　C. 120　　D. 150

6. 地埋管地源热泵系统一般由源侧环路、（　）和负荷侧环路组成。

A. 热水环路　　B. 制冷剂环路　　C. 发电环路　　D. 水处理环路

7. （　）属于蒸汽型地热发电系统。

A. 闪蒸系统　　B. 抽背式地热发电系统

C. 抽凝式地热发电系统　　D. 凝汽式地热发电系统

二、多选题

1. 地热制冷空调系统主要由（　）等组成。

A. 地热井　B. 地热深井泵　C. 制冷机　D. 冷却塔

2. 地热能用于（ ），是目前地热能最广泛的利用形式。

A. 采暖　B. 供热　C. 供热水　D. 发电

3. 地埋地源热泵系统由（ ）等环路组成。

A. 源侧环路　B. 制冷剂环路　C. 发电环路　D. 负荷侧环路

4. 地源热泵的优点有（ ）。

A. 利用可再生能源　B. 节能

C. 性能系数高　D. 对生态影响小

5. 地热能开发利用方式是（ ）。

A. 地热发电　B. 地热供暖

C. 地热用于农业　D. 地热制冷空调技术

6. 地埋管换热器可分为（ ）三种类型。

A. 水平型　B. 竖直型　C. 混合型　D. 螺旋型

三、判断题

1. 地埋管地源热泵技术是地热能间接利用领域中一项重要的技术革新。（ ）

2. 地热能是储存在地下岩石和流体中的热能，它源于地球的熔融岩浆和放射物质的衰变。（ ）

3. 目前地热勘探开发采用的钻井技术基本上是石油工业派生出来的。（ ）

4. 地热发电和火力发电在原理上是一样的，都是利用蒸汽的热能在汽轮机中转变为机械能，然后带动发电机发电。（ ）

5. 目前能够被地热电站利用的载热体主要是地下的热水。（ ）

6. 地埋管地源热泵系统的初投资较低，如果设计不当，土壤中也不会形成“热堆积”或“冷堆积”现象。（ ）

7. 对于有腐蚀性的地热水，一般采用直接供暖系统。（ ）

第三节　生物质能利用技术

一、单选题

1. （ ）生产沼气是比较成熟的技术。

A. 耗氧发酵　B. 厌氧发酵　C. 特种酶技术　D. 不确定

2. 生物质气化是在不完全燃烧条件下，利用（ ）作气化剂，将生物质在高温缺氧的热解炉内生成以一氧化碳、氢气等为主的燃气。

A. 微生物　B. 酶

C. SO_2　D. 空气中的氧气或含氧物质

3. 生物质气化炉是生物质转变为生物质燃气的核心部件，下列不属于固定床气化炉的是（　）。

A. 上吸式　　B. 下吸式　　C. 单流化床　　D. 横吸式

4. 由淀粉和纤维素类原料生产乙醇的生化反应不包括以下（　）阶段。

A. 水解反应阶段　　B. 糖酵解阶段　　C. 乙醇还原阶段　　D. 化学合成阶段

5. 适合燃煤电站改造的生物质发电技术是（　）。

A. 生物质直燃发电　　B. 生物质混燃发电

C. 生物质气化发电　　D. 沼气发电

6. 关于生物质流化床气化炉说法不正确的是（　）。

A. 流化床又称为沸腾床

B. 气化反应速度快，气化强度大，可频繁启停，可燃气得率高

C. 设备结构简单，投资较小

D. 可燃气中焦油含量较小

7. 沼气细菌喜欢生长繁殖的环境是（　）。

A. pH 值为 6.8～7.5　　B. pH 值低于 6

C. pH 值高于 8　　D. 强酸性

二、多选题

1. 生物质资源十分丰富，通常包括（　）等几个方面。

A. 农业废弃物　　B. 水生植物　　C. 油料植物　　D. 动物粪便

2. 生物质流化床气化炉有（　）等类型。

A. 单流化床气化炉　　B. 循环流化床气化炉

C. 携带流化床气化炉　　D. 双流化床气化炉

3. 生物质发电技术主要有（　）等技术。

A. 生物质混燃发电　　B. 生物质直燃发电

C. 生物质气化发电　　D. 生物质液化发电

三、判断题

1. 生物质能不属于清洁能源。　（　）

2. 生物质的气化的基本反应过程包括：固体燃料的干燥、热分解反应、还原反应和氧化反应。　（　）

3. 生物质发电主要有混燃发电和直燃发电两种类型。　（　）

4. 生物质混燃发电的主要特点是技术成熟、投资少、效益好、比较适用于原有燃煤电站的改造。　（　）

5. 生物质能是一种可再生的能源。　（　）

参 考 答 案

第一章 热能、电能利用节能技术

第一节 锅 炉 节 能 技 术

一、单选题

1. C 2. A 3. C 4. C 5. B 6. C 7. B 8. B 9. A 10. B 11. A 12. B 13. B 14. C 15. D 16. D 17. B 18. D 19. D 20. B

二、多选题

1. ACD 2. AD 3. BC 4. ACD 5. BC 6. AB 7. ABCD 8. ABC 9. ABCD 10. ACD 11. ABC 12. ABC 13. ACD 14. ABCD 15. ABC 16. BCD 17. ABD 18. ACD 19. ABCD 20. ABC 21. ABCD 22. ABCD

三、判断题

1. × 2. √ 3. × 4. × 5. × 6. √ 7. √ 8. × 9. × 10. × 11. × 12. √ 13. × 14. √ 15. × 16. × 17. √ 18. √

四、分析题

1. 答：该锅炉是明显的“大马拉小车”。可根据负荷要求减小锅炉吨位或开辟新的负荷。并根据新负荷合理配风，以降低空气系数提高炉膛温度。

2. 答：该锅炉运行参数正常，但排烟温度较高，应加大尾部受热面（省煤器、空气预热器等）以降低排烟温度，排烟温度降低后排烟热损失自然就降下来了。

3. 答：根据对锅炉运行参数的分析：

（1）该锅炉炉膛温度偏低，应进行炉拱改造。

（2）锅炉空气系数过大，应进行给煤装置改造，降低空气系数并可进一步提高炉膛温度。

五、计算题

1. 解：

$$\eta=\frac{Q_1}{Q_r}\times 100\%=\frac{17\,249\,100}{22\,998.8\times 1\,000}\times 100\%=75\%$$

2. 解：

装省煤器后的热效率：

$$\eta'=\eta+q_2+q_5-q_2'-q_5'$$
$$=66.9\%+16\%+1.6\%-8\%-2.4\%=74.1\%$$

3. 解：

$$\eta=\frac{Q_{gl}}{BQ_{dw}^{y}}=\frac{GC\Delta t}{BQ_{dw}^{y}}=\frac{260\ 000\times 4.2\times(110-70)}{1460\times 40\ 600}\times 100\%=73.7\%$$

4. 解：

因 1 kW·h 的功相当于 3 600 kJ 的热量，功率为 35 万千瓦的电厂在 1h 完成的功需热量为 350 000×3 600 kJ，每千克燃料实际用于做功的热量为：23 408×0.38 kJ。

故燃料耗量：$B=(350\ 000\times 3\ 600)/(23\ 408\times 0.38)=141\ 652$（kg/h）=141.65（t/h）。

5. 解：

$Q_1=B\times Q_{dw}^{y}\times\eta=104.7\times 10^3\times 19\ 285\times 90.5\%=1.83\times 10^9$（kJ/h）

所以，该锅炉的输出热量为 1.83×10^9 kJ/h。

第二节　工业窑炉节能技术

一、单选题

1. C　2. B　3. D　4. C　5. A　6. A　7. D　8. D　9. D　10. C　11. A　12. B　13. B

二、多选题

1. ABCD　2. ABD　3. ABD　4. AD　5. ABC　6. ABC　7. ABCD　8. ABCD　9. AC　10. ABC　11. BCD　12. ABCD　13. AB　14. ABCD

三、判断题

1. ×　2. √　3. √　4. ×　5. ×　6. ×　7. ×　8. √　9. √

四、分析题

1. 答：（1）采用新型耐火材料、绝热材料，对炉体绝热，加强炉体绝热；

（2）减少炉体表面积；

（3）避免窑炉间歇运行。

2. 答：主要有热源改造、燃烧系统改造、窑炉结构改造、窑炉绝热改造、炉窑密封改造等。

第三节　绝　热　技　术

一、单选题

1. B　2. B　3. A　4. C　5. B　6. B　7. A　8. A　9. B　10. A　11. D　12. C　13. B　14. C　15. D

二、多选题

1. ABCD　2. ABC　3. ABCD　4. AD　5. BD

三、判断题

1. ×　2. √　3. √　4. √　5. ×　6. ×　7. ×

第四节 蓄冷蓄热技术

一、单选题

1. A 2. A 3. A 4. B 5. A 6. B 7. A 8. B 9. D 10. B 11. D 12. A

二、多选题

1. ABC 2. ACD 3. ABCD 4. ABD 5. BCD 6. ABCD 7. ABD 8. ABC 9. ABCD 10. ABCD 11. ABCD 12. BCD 13. ABCD

三、判断题

1. × 2. √ 3. √ 4. × 5. √ 6. √ 7. × 8. × 9. × 10. ×

四、计算题

解：所需要的蓄热器体积为：

$$V=\frac{G_X}{g_0\times\eta\times\varphi}=\frac{4\ 600}{40.77\times0.99\times0.85}=134.08\text{m}^3$$

第五节 燃烧节能技术

一、单选题

1. B 2. B 3. D 4. A 5. B 6. C 7. A 8. C 9. A

二、多选题

1. ACD 2. BCD 3. ABCDE 4. ABC 5. ABCD 6. AC 7. ABC 8. AD

三、判断题

1. × 2. × 3. √ 4. √ 5. √ 6. √ 7. √ 8. × 9. × 10. √ 11. √ 12. √ 13. × 14. ×

第六节 换热节能技术

一、单选题

1. B 2. C 3. D 4. B 5. B 6. B 7. C 8. B 9. B 10. C 11. C 12. A 13. C

二、多选题

1. ABC 2. ABC 3. AB 4. ABCD 5. ABCD 6. ABC 7. ABCD 8. ABD 9. BCD 10. BD 11. ABCD 12. ABCD 13. AC 14. ABCD 15. BCD

三、判断题

1. √ 2. × 3. × 4. × 5. √ 6. × 7. ×

四、分析题

答：根据该单位实际情况，洗澡换热为汽、液交换，选用混合式换热器最为经济，因为混合式换热器适合于汽、液交换且无疏水损失。

五、计算题

1. 解：

计算对数温差：

$$\Delta t_p=\frac{\Delta t_a-\Delta t_b}{\ln\frac{\Delta t_a}{\Delta t_b}}=\frac{(95-60)-(70-50)}{\ln\frac{(95-60)}{(70-50)}}=26.8\ ℃$$

$$F=\frac{Q}{K\Delta t_p}=\frac{1\ 000\ 000}{1\ 100\times 26.8}=33.92\ m^2$$

2. 解：

（1）顺流和逆流的对数平均温差分别是：

$$\Delta t_{m,顺}=\frac{(100-20)-(60-40)}{\ln\frac{100-20}{60-40}}=43.3\ ℃$$

$$\Delta t_{m,逆}=\frac{(100-40)-(60-20)}{\ln\frac{100-40}{60-20}}=49.3\ ℃$$

（2）传热负荷为：

$$Q=m\cdot c_p\cdot \Delta t=\frac{1\ 500}{3\ 600}\times 3.5\times 10^3\times (100-60)=58\ 333\ W$$

顺流和逆流操作时所需换热器面积分别为：

$$A_{顺}=\frac{Q}{K\Delta t_{m,顺}}=\frac{58\ 333}{1\ 000\times 43.3}=1.35\ m^2$$

$$A_{逆}=\frac{Q}{K\Delta t_{m,逆}}=\frac{58\ 333}{1\ 000\times 43.3}=1.35\ m^2$$

第七节 余热余压利用技术

一、单选题

1. A 2. B 3. C 4. B 5. B 6. D 7. A

二、多选题

1. ACD 2. ACD 3. BD 4. AB 5. BC 6. ABCD 7. BC 8. ABCD 9. AB 10. ABCD 11. ABCD

三、判断题

1. √ 2. × 3. × 4. × 5. × 6. √ 7. × 8. ×

四、分析题

答：该企业的窑炉烟道温度 900 ℃，为高温余热。由所给材料可知，利用余热锅炉回收高温烟气的余热产生蒸汽是最经济、最有效的方法。所以，该企业应在窑炉烟道加装余热锅炉，产生的蒸汽可以用来余热发电或用于生产。

第八节 输配电系统节能技术

一、单选题

1.B 2.A 3.A 4.D 5.A 6.D 7.C 8.B 9.C 10.C 11.C

二、多选题

1.ABCD 2.ABCD 3.ABCD 4.ABC

三、判断题

1.× 2.√ 3.× 4.× 5.×

四、分析题

答：(1) 变压器的损耗主要是铜损和铁损，电压超过额定电压5%运行时铁损将增加15%以上，若电压超过10%时铁损将增加50%以上，所以要及时调整变压器运行分接头，减少变压器损耗。

(2) 当三相负载不平衡时，每相负载电流不相等，将在中线上产生电流引起损耗，这样增加了线损；如果三相负载平衡，则中线上电流为零，可使总的线损降低。

(3) 减少导线接头的接触电阻，可以直接降低线路损耗，可在接头处加涂导电膏，将点与点的接触变成面与面的接触。

五、计算题

1. 解：

$$\beta_j=\sqrt{\frac{\Delta P_0+K_q\Delta Q_0}{\Delta P_K+K_q\Delta Q_N}}=\sqrt{\frac{0.96+0.1\times5}{5.15+0.1\times20}}=0.45$$

2. 解：将某段时间内的有功电能和无功电能数值带入公式，得

$$\cos\phi_1=\frac{W_P}{\sqrt{W_P^2+W_Q^2}}=\frac{86\ 000}{\sqrt{86\ 000^2+38\ 000^2}}=0.91$$

第九节 电机系统节能技术

一、单选题

1.B 2.A 3.A 4.A 5.D 6.A 7.B 8.A 9.A 10.C 11.C

二、多选题

1.ABCD 2.AC 3.BD 4.ABCD

三、判断题

1.√ 2.√ 3.√ 4.√ 5.√

四、分析题

答：(1) 由于变频器是软启动，减少了启动过程的电耗。

(2) 由于取消了风门极其复杂的操作机构，降低了压差损耗，减少了风量损失，同时降低了风机电耗。

（3）风机输入功率和风机转速的三次方成正比 $P_2/P_1=(n_2/n_1)^3$，转速降低后节电效果非常明显。

（4）由于引风机和鼓风机的合理调配，使煤得到充分燃烧，提高了锅炉效率，同时也减少了锅炉对环境的污染。

五、计算题

解：假设变频前水泵的转速为 n_1，输入功率为 P_1，变频后水泵的转速为 n_2，输入功率为 P_2，将 $P_1=35$ kW，$n_1=1\ 480$ r/min，$n_2=1\ 260$ r/min 带入公式：$P_2/P_1=(n_2/n_1)^3$

得 $P_2=P_1\cdot(n_2/n_1)^3=35\cdot(1\ 260/1\ 480)^3=21.6$ kW

变频后水泵的输入功率为 21.6 kW。

第十节　电化学节能技术

一、单选题

1. B　2. B　3. C　4. B　5. A　6. A　7. A　8. C　9. A　10. C

二、多选题

1. BC　2. ABCD　3. ACD

三、判断题

1. √　2. √　3. ×　4. √　5. ×

第十一节　电加热节能技术

一、单选题

1. D　2. A　3. B　4. A　5. D　6. B　7. A　8. C　9. A　10. C

二、多选题

1. ABCD　2. ACD　3. ABCD

三、判断题

1. ×　2. √　3. √　4. √　5. ×

四、分析题

答：（1）对脱水干燥加热炉，如果密封，炉内会产生大量饱和水蒸气。

（2）饱和水蒸气一方面阻止被加热物内的水分蒸发，另一方面还会吸收大量辐射能，造成效率降低。

（3）脱水干燥炉采用排风措施，以促进水分的蒸发干燥，提高热效率。

第十二节　照 明 节 能 技 术

一、单选题

1. A　2. B　3. C　4. A　5. C　6. B　7. C　8. D

二、多选题

1. BCD 2. ABC 3. ABC 4. ABCD

三、判断题

1. √ 2. √ 3. × 4. √ 5. ×

四、计算题

解：$W_{zn}=[(P_d+\Delta P_d)-(P_g+\Delta P_g)]h_{gn}$

$=[(0.1+0)-(0.02+0.003)]\times 2\ 000$

$=154\ kW\cdot h$

第二章 新能源及可再生能源利用技术

第一节 太阳能利用技术

一、单选题

1. C 2. A 3. A 4. C 5. D

二、多选题

1. ABD 2. ABC 3. ABCD 4. ABC 5. ABD 6. ACD 7. ABC

三、判断题

1. × 2. √ 3. √ 4. × 5. √ 6. √

第二节 地热能利用技术

一、单选题

1. A 2. B 3. A 4. C 5. D 6. B 7. D

二、多选题

1. ABCD 2. ABCD 3. ABD 4. ABCD 5. ABCD 6. ABD

三、判断题

1. × 2. √ 3. √ 4. √ 5. × 6. × 7. ×

第三节 生物质能利用技术

一、单选题

1. B 2. D 3. C 4. D 5. B 6. C 7. A

二、多选题

1. ABCD 2. ABCD 3. ABC

三、判断题

1. × 2. √ 3. × 4. √ 5. √

第三部分 《节能法制与政策制度》学习题集

本部分按照《能源管理师教材 节能法制与政策制度》的章节，分“单选题”“多选题”“判断题”“分析题”和“计算题”五种题型编写了习题。

第一章 法规与政策基础知识

第一节 法规与政策的概念和效力

一、单选题

1. 法的效力等级，从制定主体看，（ ）。

A. 上位法高于下位法　　B. 特别法优于一般法

C. 特别规定优于一般规定　　D. 后法优于前法

2. （ ）是指新的法律施行后，对它生效前发生的事件和行为是否适用新法。

A. 溯及力　　B. 约束力　　C. 强制力　　D. 拘束力

3. 部门规章之间、部门规章与地方政府规章之间对同一事项规定不一致时，由（ ）裁决。

A. 国务院　　B. 省政府　　C. 全国人大　　D. 全国人大常委会

4. 对法的渊源的理解，一般是指形式意义上的法的渊源，即指以（ ）为核心的各种制定法。

A. 宪法　　B. 行政法规　　C. 法律　　D. 习惯法

5. 下列说法错误的是（ ）。

A. 宪法具有最高的法律效力

B. 法律的效力高于行政法规、地方法规、规章

C. 行政法规的效力高于地方法规、规章

D. 部门规章的效力高于地方政府规章

二、多选题

1. 法律的生效方式有（ ）。

A. 自法律颁布之日起生效

B. 法律本身规定具体生效的时间

C. 由另外的专门决定规定法律生效的时间

D. 规定法律颁布后的一定时间后生效

2. 地方性法规与部门规章之间对同一事项的规定不一致，不能确定如何适用时，由（ ）或（ ）。

A. 国务院决定
B. 国务院提请全国人大常委会裁决
C. 地方政府
D. 全国人大提请国务院裁决

三、判断题

1. 省、自治区、直辖市和较大的市的人民政府，在不与宪法、法律、行政法规相抵触的前提下，可以制定地方性法规。（ ）

2.《中华人民共和国宪法》具有最高的法律效力，一切法律、行政法规、地方性法规、自治条例和单行条例、规章都不得同宪法相抵触。（ ）

3. 法是以对权利义务的双向规定为调整机制的社会规范。（ ）

4. 省、自治区、直辖市和较大的市的人民政府，可以根据法律、行政法规和本省、自治区、直辖市的地方性法规，制定政府规章。（ ）

5. 地方性法规与部门规章之间对同一事项的规定不一致，不能确定如何适用时，由国务院决定或者由国务院提请全国人大常委会裁决。（ ）

四、分析题

给定材料：

《中华人民共和国立法法》第七十九条规定："法律的效力高于行政法规、地方性法规、规章。行政法规的效力高于地方性法规、规章。"第八十三条规定："同一机关制定的法律、行政法规、地方性法规、自治条例和单行条例、规章，特别规定与一般规定不一致的，适用特别规定；新的规定与旧的规定不一致的，适用新的规定。"《中华人民共和国节约能源法》于2007年10月28日修订通过，自2008年4月1日起施行。《山东省节约能源条例》于2009年7月24日修订通过，2009年11月1日起施行。

作答要求：

根据"给定材料"，分析假如《中华人民共和国节约能源法》与《山东省节约能源条例》就同一事项规定不一致时，应当如何适用。

要求：准确、完整、观点鲜明，字数不超过250字。

第二节 法规与政策的特点和关系

一、单选题

1. 下列说法错误的是（ ）。

A. 法的制定和实施要以党的政策为指导
B. 政策和法律的实施相互促进
C. 政策和法律互相制约
D. 法律的制定要遵从政策的要求

2. 下列说法正确的是（　）。

A. 法律、政策是党的意志的体现

B. 法律比较原则，党的政策规范明确

C. 违反法律、党的政策均可采取行政制裁措施

D. 法律和党的总政策、基本政策均有较高的稳定性

3. 法的特点不包括（　）。

A. 规范性　　B. 国家强制性　　C. 相对性　　D. 普遍性

二、多选题

1. 法所规定的行为模式包括（　）。

A. 可为模式　　B. 勿为模式　　C. 不为模式　　D. 应为模式

2. 从当前我国政策的现实情况来看，政策具有（　）特点。

A. 合法性　　B. 超前性　　C. 周期性　　D. 相对性

3. 法规和政策的区别（　）。

A. 主体不同　　B. 功能不同　　C. 规范不同

D. 稳定性不同　　E. 适用性不同

三、判断题

1. 法是调整人们思想或道德的社会规范。　（　）

2. "王子犯法与庶民同罪"体现了法的普遍适用性。　（　）

四、分析题

给定材料：

《中华人民共和国节约能源法》由中华人民共和国第十届全国人民代表大会常务委员会第三十次会议于2007年10月28日修订通过，自2008年4月1日起施行。该法第九条规定："任何单位和个人都应当依法履行节能义务，有权检举浪费能源的行为。"第八十五条规定："违反本法规定，构成犯罪的，依法追究刑事责任。"

作答要求：

根据给定材料，至少总结3个法的特征。字数不超过100字。

第三节　权利与义务

一、单选题

1. 下列说法错误的是（　）。

A. 权利是由法所规定的权利人为了实现自己的利益，而采取并由义务人的义务所保证的法律手段

B. 义务是由法所规定的义务人应按权利人的要求，做出一定行为或不得做出一定行为，进而使权利人的利益得以实现的法律手段

C. 权利的实现依赖于义务的履行

D. 权利就是义务，义务就是权利

2. 下列不属于行政相对人义务的是（ ）。

A. 服从行政管理的义务　　B. 提供真实信息的义务

C. 协助公务的义务　　D. 申请听证的义务

二、多选题

1. 行政相对人享有的权利包括（ ）。

A. 参与权　　B. 陈述、申辩权　　C. 申请权　　D. 行政处罚权

2. 关于权利与义务的关系表述正确的是（ ）。

A. 两者相辅相成　　B. 享有权利的同时必须承担义务

C. 承担义务的同时也意味着享有权利　　D. 享有权利不需要承担义务

三、判断题

1. 行政相对人是指在行政法律关系中与行政主体相对应一方的公民、法人和其他组织。（ ）

2. 行政相对人对于行政主体实施的违法行政行为无权抵制。（ ）

第二章 节能法律

第一节 《节约能源法》概述

单选题

1.《节约能源法》规定，国家实施（ ）的能源发展战略。

A. 节约能源、人人有责　　B. 把节约放在首位

C. 节约与开发并举　　D. 节约与开发并举、把节约放在首位

2.《节约能源法》所指节约能源，是指加强用能管理，采取技术上可行、经济上合理以及环境和社会可以承受的措施，从能源（ ），降低消耗、减少损失和污染物排放、制止浪费，有效、合理地利用能源。

A. 生产到使用的各个环节　　B. 开采到销售的各个环节

C. 消费到回收的各个环节　　D. 生产到消费的各个环节

第二节 节能的基本制度

一、单选题

1. 国务院和省、自治区、直辖市人民政府应当加强节能工作，合理调整产业结构、企业结构、产品结构和能源消费结构，推动企业（ ），淘汰落后的生产能力，改进能源的开发、加工、转换、输送、储存和供应，提高能源利用效率。

A. 实行节能目标责任制　　B. 实行节能考核评价制度

C. 实行能源效率标识管理　　D. 降低单位产值能耗和单位产品能耗

2.《节约能源法》规定，国家实行有利于节能和环境保护的产业政策，（ ）高耗能、高污染行业，发展节能环保型产业。

A. 禁止发展　　B. 限制发展　　C. 鼓励发展　　D. 优先发展

3. 对（ ）高耗能项目应当从严审批，加强监督检查，除（ ）项目外，不得给予税收等优惠政策。

A. 允许类　鼓励类　　B. 鼓励类　允许类

C. 淘汰类　鼓励类　　D. 允许类　禁止类

4. 国家开展节能宣传和教育，将节能知识纳入国民教育和培训体系，普及节能科学知识，增强全民的节能意识，提倡（ ）的消费方式。

A. 清洁型　　B. 循环型　　C. 节约型　　D. 经济型

5. 国务院（ ）主管全国的节能监督管理工作，国务院有关部门在各自的职责范围

内负责节能监督管理工作，并接受国务院管理节能工作的部门的指导。

A. 国家能源局　　B. 国家环保总局

C. 工业信息化部　　D. 管理节能工作的部门

6. 国务院和县级以上地方各级人民政府每年向本级（　）报告节能工作。

A. 人民代表大会或者其常务委员会　　B. 人民代表大会

C. 常务委员会　　D. 人民代表大会和常务委员会

7. 国家实行（　），将节能目标完成情况作为对地方人民政府及其负责人考核评价的内容。

A. 节能目标责任制　　B. 节能考核评价制度

C. 节能管理责任制　　D. 节能目标责任制和节能考核评价制度

8. 国家实行有利于节能和环境保护的产业政策，（　），发展节能环保型产业。

A. 鼓励发展重化工业　　B. 鼓励发展第三产业

C. 限制发展高耗能、资源性行业　　D. 限制发展高耗能、高污染行业

二、多选题

1. 关于我国实行的产业政策，下列说法正确的是（　）。

A. 国家实行有利于节能和环境保护的产业政策

B. 限制发展高耗能、高污染行业

C. 发展节能环保产业

D. 对高耗能、高污染行业并不进行限制

2. 根据《节约能源法》的相关规定，下列说法正确的有（　）。

A. 任何单位和个人都应当依法履行节能义务

B. 任何单位和个人都有权检举浪费能源的行为

C. 任何单位和个人无权宣传节能法律、法规和政策，发挥舆论监督作用

D. 新闻媒体应当宣传节能法律、法规和政策，发挥舆论监督作用

三、判断题

1. 国家实行有利于节能和环境保护的产业政策，禁止发展高耗能、高污染行业，发展节能环保型产业。（　）

2. 节约资源是我国的基本国策。（　）

四、分析题

给定材料：

《节约能源法》第七条第一款规定："国家实行有利于节能和环境保护的产业政策，限制发展高耗能、高污染行业，发展节能环保型产业。"

作答要求：

根据给定材料及所学知识，分析你对这句话的理解，字数不超过 200 字。

第三节　节能管理制度

一、单选题

1.《节约能源法》规定，对生产过程中耗能高的产品的生产单位，应当执行（　）。

A. 单位产品能耗定额标准　　B. 禁止生产政策

C. 超能耗加价收费政策　　D. 单位产品能耗限额标准

2. 对超过单位产品能耗限额标准的生产单位，由管理节能工作的部门（　）。

A. 按照国务院规定的权限责令限期治理

B. 责令停业整顿或者关闭

C. 限期治理，经治理达不到要求的，责令停业整顿或者关闭

D. 责令限期治理

3.《节约能源法》规定，用能产品的（　），可以申请节能产品认证。

A. 生产者、使用者　　B. 生产者、销售者

C. 使用者、销售者　　D. 消费者

4.《节约能源法》规定，申请节能产品认证实行（　）原则。

A. 强制　　B. 自愿　　C. 严格控制　　D. 限制

5. 按照国家有关节能产品认证的规定，从事节能产品认证的机构必须是（　）。

A. 经国务院认证认可监督管理部门认可的从事节能产品认证的机构

B. 国务院节能管理工作部门

C. 国务院质量监督管理部门

D. 国务院安全监督管理部门

6.（　）使用伪造的节能产品认证标志或者冒用节能产品认证标志。

A. 禁止　　B. 申请　　C. 限制　　D. 允许

7.《节约能源法》规定，（　）制定强制性的用能产品、设备能源效率标准和生产过程中耗能高的产品的单位产品能耗限额标准。

A. 国务院管理节能工作的部门

B. 国务院标准化主管部门

C. 国务院标准化主管部门会同国务院管理节能工作的部门

D. 国务院标准化主管部门会同国务院管理节能工作的部门和国务院有关部门

8.（　）应当执行单位产品能耗限额标准。超过单位产品能耗限额标准的，由管理节能工作的部门按照国务院规定的权限责令停业整顿或者关闭。

A. 生产单位　　B. 生产过程中耗能高的产品的生产单位

C. 高耗能产品的生产、销售、使用单位　　D. 生产、销售、使用单位

9. 按照《节约能源法》的规定，对超过单位产品能耗限额标准的生产单位，由管理节能工作的部门按照国务院规定的权限责令限期治理；对逾期不治理或者没有达到治理要

求的，可以由（ ）提出意见，报请本级人民政府按照国务院规定的权限（ ）。

A. 标准化主管部门 停业整顿或者关闭

B. 管理节能工作的部门 停业整顿或者关闭

C. 标准化主管部门 予以罚款

D. 管理节能工作的部门 予以罚款

10. 建筑节能的国家标准、行业标准由（ ）组织制定，并依照法定程序发布。

A. 国务院管理节能工作的部门

B. 国务院标准化主管部门

C. 国务院标准化主管部门会同国务院管理节能工作的部门

D. 国务院建设主管部门

11. 国家实行固定资产投资项目节能评估和审查制度，不符合强制性节能标准的项目，项目建设单位投入生产、使用的，由（ ）责令停止生产、使用，限期改造。

A. 管理节能工作的部门

B. 投资主管部门

C. 建设主管部门

D. 标准化主管部门

12. 关于固定资产投资项目节能评估审查制度，下列说法正确的是（ ）。

A. 由节能审查部门对固定资产投资项目是否符合强制性节能标准进行评估

B. 由节能评估机构对固定资产投资项目节能评估文件依法进行审查

C. 对不符合强制性节能标准的项目，建设单位可以开工建设，补办节能审查手续

D. 对不符合强制性节能标准的项目，依法负责项目审批或者核准的机关不得批准或者核准建设

13. 关于固定资产投资项目节能评估审查制度，下列说法错误的是（ ）。

A. 由节能评估机构对固定资产投资项目是否符合强制性节能标准进行评估，为项目决策提供科学依据

B. 由节能审查部门对固定资产投资项目节能评估文件依法进行审查

C. 对建设项目，建设单位可以先开工建设，补办节能评估审查手续

D. 对不符合强制性节能标准的项目，依法负责项目审批或者核准的机关不得批准或者核准建设

14. 固定资产投资项目建设单位开工建设不符合强制性节能标准的项目或者将该项目投入生产、使用的，由（ ）责令停止建设或者停止生产、使用，限期改造；不能改造或者逾期不改造的生产性项目，由（ ）报请本级人民政府按照国务院规定的权限责令关闭。

A. 依法负责项目审批或者核准的机关管理节能工作的部门

B. 管理节能工作的部门管理节能工作的部门

C. 依法负责项目审批或者核准的机关依法负责项目审批或者核准的机关

D. 管理节能工作的部门依法负责项目审批或者核准的机关

15.《节约能源法》规定，对于使用国家明令淘汰的用能设备或者生产工艺的，（　）；情节严重的，可以由管理节能工作的部门提出意见，报请本级人民政府按照国务院规定的权限责令停业整顿或者关闭。

A. 由管理节能工作的部门给予5万元以上10万元以下罚款

B. 由管理节能工作的部门责令停止使用，没收国家明令淘汰的用能设备

C. 由管理节能工作的部门给予警告

D. 由管理节能工作的部门给予通报批评

16. 下列行为不属于《节约能源法》规定的禁止性行为的是（　）。

A. 生产、进口、销售国家明令淘汰或者不符合强制性能源效率标准的用能产品、设备

B. 使用国家明令淘汰的用能设备、生产工艺

C. 伪造、冒用能源效率标识或者利用能源效率标识进行虚假宣传

D. 生产者和进口商对列入国家能源效率标识管理产品目录的用能产品标注能源效率标识

17. 下列行为不属于《节约能源法》规定的禁止性行为的是（　）。

A. 生产、进口、销售国家明令淘汰用能产品、设备

B. 使用国家明令淘汰的用能设备、生产工艺

C. 销售未标注能源效率标识的产品

D. 生产不符合强制性能源效率标准的用能产品、设备

18. 关于固定资产投资项目节能评估和审查制度，下列说法正确的是（　）。

A. 固定资产投资项目建设单位开工建设不符合强制性节能标准的项目或者将该项目投入生产、使用的，由建设主管部门责令停止建设或者停止生产、使用，限期改造

B. 固定资产投资项目建设单位开工建设不符合强制性节能标准的项目或者将该项目投入生产、使用的，由管理节能工作的部门报请本级人民政府按照国务院规定的权限责令关闭

C. 固定资产投资项目建设单位开工建设不符合强制性节能标准的项目或者将该项目投入生产、使用的，由建设主管部门报请本级人民政府按照国务院规定的权限责令关闭

D. 固定资产投资项目建设单位开工建设不符合强制性节能标准的项目或者将该项目投入生产、使用的，由管理节能工作的部门责令停止建设或者停止生产、使用，限期改造；不能改造或者逾期不改造的生产性项目，由管理节能工作的部门报请本级人民政府按照国务院规定的权限责令关闭

19.《节约能源法》规定的有利于节约能源的电价制度不包括（　）。

A. 峰谷分时电价制度　　B. 季节性电价制度

C. 无差别电价政策　　　　　　　　D. 可中断负荷电价制度

20. 根据《节约能源法》的规定，不属于节能专项资金使用范围的是（　）。

A. 用于节能技术研究开发　　　　　B. 用于节能技术和产品的示范与推广

C. 用于重点节能工程的实施　　　　D. 用于节能行政主管部门的经费支出

21.《节约能源法》规定的有利于节约能源的电价制度包括（　）。

A. 峰谷不分时电价制度　　　　　　B. 非季节性电价制度

C. 无差别电价政策　　　　　　　　D. 可中断负荷电价制度

22. 下列选项中，不属于政府支持节能技术进步的措施是（　）。

A. 发布节能技术大纲

B. 提供节能技术财政支持

C. 制定和公布节能技术、节能产品推广目录

D. 出版节能技术书籍

23. 国家对钢铁、有色金属、建材、化工和其他主要耗能行业的企业，分淘汰、限制、允许和鼓励类实行（　）电价政策。

A. 统一　　B. 差别　　C. 优惠　　D. 峰谷

二、多选题

1. 关于固定资产投资项目节能评估审查制度，下列说法正确的是（　）。

A. 由节能评估机构对固定资产投资项目是否符合强制性节能标准进行评估，为项目决策提供科学依据

B. 由节能审查部门对固定资产投资项目节能评估文件依法进行审查

C. 对不符合强制性节能标准的项目，建设单位可以开工建设，补办节能审查手续

D. 对不符合强制性节能标准的项目，依法负责项目审批或者核准的机关不得批准或者核准建设

2.《节约能源法》规定的禁止性行为有（　）。

A. 禁止生产、进口、销售国家明令淘汰或者不符合强制性能源效率标准的用能产品、设备

B. 禁止使用国家明令淘汰的用能设备、生产工艺

C. 禁止销售未标注能源效率标识的产品

D. 禁止公共机构采购节能产品、设备

3. 根据《节约能源法》，下列说法正确的有（　）。

A. 省、自治区、直辖市制定严于强制性国家标准、行业标准的地方节能标准，由省、自治区、直辖市人民政府报经国务院备案

B. 省、自治区、直辖市人民政府建设主管部门可以根据本地实际情况，制定严于国家标准或者行业标准的地方建筑节能标准，并报国务院标准化主管部门和国务院建设主管部门备案

C. 国家实行固定资产投资项目节能评估和审查制度，具体办法由国务院管理节能工作的部门会同国务院有关部门制定

D. 国家对落后的耗能过高的用能产品、设备和生产工艺实行淘汰制度。淘汰的用能产品、设备、生产工艺的目录和实施办法，由国务院管理节能工作的部门会同国务院有关部门制定并公布

4. 国家对落后的耗能过高的用能产品、设备和生产工艺实行淘汰制度。下列说法正确的有（ ）。

A. 淘汰的用能产品、设备、生产工艺的目录和实施办法，由国务院管理节能工作的部门会同国务院有关部门制定并公布

B. 生产过程中耗能高的产品的生产单位，应当执行单位产品能耗限额标准

C. 对超过单位产品能耗限额标准用能的生产单位，由管理节能工作的部门按照国务院规定的权限责令限期治理

D. 对高耗能的特种设备，按照国务院的规定实行节能审查和监管

5. 下列说法正确的有（ ）。

A. 县级以上人民政府管理节能工作的部门和有关部门应当在各自的职责范围内，对节能法律、法规和节能标准执行情况进行监督检查

B. 履行节能监督管理职责可以向监督管理对象收取监察仪器使用费等费用

C. 生产者和进口商应当对用能产品标注能源效率标识，在产品包装物上或者说明书中予以说明，并按照规定报国务院产品质量监督部门和国务院管理节能工作的部门共同授权的机构备案

D. 生产过程中耗能高的产品的生产单位，应当执行单位产品能耗限额标准

6. 《节约能源法》规定的有利于节约能源的电价制度包括（ ）。

A. 峰谷分时电价制度　　B. 季节性电价制度

C. 无差别电价政策　　D. 可中断负荷电价制度

7. 《节约能源法》规定的鼓励节能的措施有（ ）。

A. 中央财政和省级财政安排节能专项资金，支持节能有关活动

B. 实行有利于节能的税收政策，促进能源资源的节约

C. 引导金融机构增加对节能项目的信贷支持，为符合条件的节能技术研究开发、节能产品生产以及技能改造项目提供优惠贷款

D. 实行峰谷分时电价、季节性电价、可中断符合电价、差别电价等有利于节能的价格政策，引导用能单位和个人节能

8. 按照《节约能源法》的规定，国家实行有利于节能的价格政策，引导用能单位和个人节能。国家运用财税、价格等政策，支持推广电力需求侧管理、合同能源管理、节能自愿协议等节能办法。国家实行峰谷分时电价、季节性电价、可中断负荷电价制度，鼓励电力用户合理调整用电负荷；对钢铁、有色金属、建材、化工和其他主要耗能行业的企

业，分（ ）类实行差别电价政策。

A. 淘汰　　B. 限制　　C. 允许　　D. 鼓励

三、判断题

1. 国家对落后的耗能过高的用能产品、设备和生产工艺实行淘汰制度。（ ）

2. 生产者和销售者取得节能产品认证证书后，可以在用能产品或者其包装物上使用节能产品认证标志。（ ）

3.《节约能源法》规定，县级以上各级人民政府管理节能工作的部门应当会同同级有关部门建立健全能源统计制度，完善能源统计指标体系，改进和规范能源统计方法，确保能源统计数据真实、完整。（ ）

4. 节能产品认证是一种行政强制性措施，是否申请，何时申请，用能产品的生产者和销售者并无自主选择的权利。（ ）

5. 违反能源效率标识制度的违法行为主要包括销售应当标注而未标注能源效率标识的产品；应当标注能源效率标识而未标注；未办理能源效率标识备案，或者使用的能源效率标识不符合规定；伪造、冒用能源效率标识或者利用能源效率标识进行虚假宣传。（ ）

6. 禁止使用国家明令淘汰的用能设备、生产工艺。（ ）

7. 国家支持节能服务机构开展节能知识宣传、节能技术培训等公益性节能服务。（ ）

8. 国家实行固定资产投资项目节能评估和审查制度。不符合强制性节能标准的项目，依法负责项目审批或者核准的机关不得批准或者核准建设；建设单位不得开工建设；已经建成的，不得投入生产、使用。（ ）

9. 在使用过程中能源消耗量或转换量大，并具有较大节能空间的锅炉、换热压力容器（含气瓶，下同）、压力管道、电梯、起重机械、客运索道、大型游乐设施和场（厂）内专用机动车辆属于高耗能特种设备。（ ）

10. 节能主管部门的职权包括：监管固定资产投资项目节能评估和审查制度执行情况、监管国家明令淘汰的用能设备和生产工艺使用情况、监管高耗能产品生产单位执行能耗限额标准情况、监管节能服务机构提供信息真实情况、监管重点用能单位执行节能法律制度情况等。（ ）

11. 质检（质监）主管部门的职权包括：监管生产者、进口商、销售者执行节能法律制度情况、监管用能单位能源计量器具配备情况等。（ ）

12. 统计部门职权包括：对瞒报、伪造、篡改能源统计资料或者编造虚假能源统计数据的，依据《计量法》进行处罚。（ ）

13. 质检（质监）主管部门的职权包括：对生产、进口、销售不符合强制性能源效率标准的用能产品、设备的，或者伪造、冒用能源效率标识或者利用能源效率标识进行虚假宣传的，并且上述两者之一情节严重的，依据《节约能源法》吊销营业执照。（ ）

14. 质检（质监）主管部门在审查特种设备设计、安装、改造、维修、使用相关文件

时，将能效指标列入审查范围，不符合能效指标要求的，不得许可、核准、登记和进行制造、安装、改造、维修、使用。（　）

15. 特种设备安全监督管理部门根据举报或者取得的涉嫌违法证据，对涉嫌违法行为进行查处时，可以对有证据表明不符合安全技术规范要求的或者有其他严重事故隐患、能耗严重超标的特种设备，予以查封或者扣押。（　）

16. 特种设备使用单位未依法建立特种设备安全技术档案的，或者特种设备不符合能效指标，未及时采取相应措施进行整改的，由特种设备安全监督管理部门责令限期改正；逾期未改正的，处 2 000 元以上 2 万元以下罚款；情节严重的，责令停止使用或者停产停业整顿。（　）

四、案例题

1. 2009 年 4 月 10 日，A 市节能行政主管部门在监察中发现，某玻璃制品企业正在使用的型号为 $S_7-800/10$、$S_7-315/10$ 的变压器，属于国家发展改革委《产业结构调整指导目录》(2011 年本) 淘汰类落后产品，A 市节能行政主管部门于是依法予以没收。某玻璃制品企业有些领导不服，认为 A 市节能行政主管部门直接予以没收，没有给予限期整改的机会，违反了《中华人民共和国行政处罚法》的有关规定，建议依法对 A 市节能行政主管部门提起行政诉讼。

问题：假如企业领导让你发表意见，你同意他们的建议吗？为什么？

2. 2009 年 3 月 15 日，A 市节能行政主管部门接到举报，A 市某建筑陶瓷有限公司正在违规建设 90 万平方米/年的建筑陶瓷砖生产线。2009 年 3 月 17 日，A 市节能行政主管部门组织节能监察人员到现场进行监察，发现该项目设计方案违反了强制性节能标准。A 市节能行政主管部门依据《节约能源法》有关规定，于 2009 年 4 月 2 日对该企业下达了节能行政处罚告知书，告知其违法事实、理由以及拟作出责令停止建设、限期改造的行政处罚，并告知其依法享有的权利。该企业在规定期限内，没有进行申辩、陈述。2009 年 4 月 6 日，A 市节能行政主管部门依法对该企业下达了行政处罚决定书，作出责令其停止建设、限期改造的处罚决定。该企业不服，拟向 A 市人民政府提起行政复议。

问题：你该如何处理这件事？为什么？

3. 2009 年年底，A 省公布了水泥产品能耗限额标准。2010 年 3 月 4 日，A 省内 B 市节能行政主管部门对该行政区域内的某水泥股份有限公司进行了节能现场监察。经查，发现该企业产品单耗指标高于 A 省制定的能耗限额标准。2010 年 3 月 11 日，B 市节能行政主管部门依法向某水泥股份有限公司送达《限期整改通知书》，责令某水泥股份有限公司限期治理，如果逾期不治理或者没有达到治理要求，将提出意见报请本级人民政府按照国务院规定的权限责令该企业停业整顿或者关闭。整改期限届满后，B 市节能监察支队对某股份有限公司治理情况进行跟踪核查。经查，发现该公司已按《限期整改通知书》要求进行了治理，达到了治理要求。

问题：结合节能法有关超单位产品能耗限额用能的规定，对上述案情进行分析。

第四节 合理使用与节约能源

一、单选题

1. 按照《节约能源法》的规定，下列说法正确的是（ ）。

A. 用能单位对各类能源实行分类计量和统计时，允许其能源消费统计数出现不真实、不完整的情况

B. 用能单位应当加强能源计量管理，按照规定配备和使用经依法检定合格的能源计量器具

C. 能源生产经营单位可以向本单位职工无偿提供能源

D. 用能单位可以对能源消费实行包费制

2.《节约能源法》规定，用能单位未按照规定配备、使用能源计量器具的，由（ ）进行处罚。

A. 管理节能工作的部门　　B. 产品质量监督部门

C. 工商行政管理部门　　D. 建设主管部门

3.《节约能源法》规定，（ ）有权对重点用能单位上报的能源利用状况报告进行审查。

A. 管理节能工作的部门　　B. 项目审批部门

C. 依法授权的组织　　D. 依法委托的组织

4. 重点用能单位应当设立（ ），在具有节能专业知识、实际经验以及中级以上技术职称的人员中聘任能源管理负责人，并报管理节能工作的部门和有关部门备案。

A. 能源审计岗位　　B. 合同能源管理岗位

C. 能源核算岗位　　D. 能源管理岗位

5. 重点用能单位应当设立能源管理岗位，在具有法定条件的人员中聘任能源管理负责人，并报管理节能工作的部门和有关部门备案。下列不属于能源管理负责人应具备的法定条件的是（ ）。

A. 具有节能专业知识　　B. 具有实际经验

C. 具有中级以上技术职称　　D. 大学本科以上学历

6. 重点用能单位应当每年向管理节能工作的部门报送上年度的能源利用状况报告。下列不属于《节约能源法》明确规定的能源利用状况内容的是（ ）。

A. 能源消费情况和能源利用效率　　B. 节能措施

C. 节能目标完成情况　　D. 节能岗位设置情况

7.《节约能源法》规定的重点用能单位包括（ ）。

A. 年综合能源消费总量二千吨以上一万吨标准煤以下管理节能工作的部门指定的用能单位

B. 年综合能源消费总量五千吨以上不满一万吨标准煤的用能单位

C. 国务院有关部门或者省、自治区、直辖市人民政府管理节能工作的部门指定的年综合能源消费总量五千吨以上不满一万吨标准煤的用能单位

D. 年综合能源消费总量二千吨标准煤以上的用能单位

8. 下列违法行为中，由节能行政主管部门依法进行处罚的是（ ）。

A. 伪造、冒用能源效率标识或者利用能源效率标识进行虚假宣传的

B. 建设单位、设计单位、施工单位或者监理单位违反建筑节能标准的

C. 公共机构未优先采购列入节能产品、设备政府采购名录中的产品、设备，或者采购国家和省明令淘汰的用能产品、设备的

D. 能源生产经营单位无偿或者低于市场价格向本单位职工提供能源的

9. 关于推进工业节能的措施，下列说法错误的是（ ）。

A. 国务院和省、自治区、直辖市人民政府推进能源资源优化开发利用和合理配置，推进有利于节能的行业结构调整，优化用能结构和企业布局

B. 国务院管理节能工作的部门会同国务院有关部门制定电力、钢铁、有色金属、建材、石油加工、化工、煤炭等主要耗能行业的节能技术政策，推动企业节能技术改造

C. 电网企业应当按照国务院有关部门制定的节能发电调度管理的规定，安排清洁、高效和符合规定的热电联产、利用余热余压发电的机组以及其他符合资源综合利用规定的发电机组与电网并网运行，上网电价执行国家有关规定

D. 不允许新建小型燃煤发电机组、燃油发电机组和燃煤热电机组

10. 房地产开发企业在销售房屋时，应当向购买人明示所售房屋的（ ）、保温工程保修期等信息。

A. 能效标识　　B. 节能措施　　C. 节能设施　　D. 建筑节能标准

11. 公共机构节能的主管部门是（ ）。

A. 节能主管部门　　B. 建设主管部门

C. 交通运输主管部门　　D. 管理机关事物工作的机构

12. 根据《节约能源法》，（ ）不得向本单位职工无偿提供能源。（ ）不得对能源消费实行包费制。

A. 能源生产经营单位　能源生产经营单位

B. 任何单位　任何单位

C. 能源生产经营单位　任何单位

D. 任何单位　能源生产经营单位

13.《节约能源法》规定，（ ）制定节能产品、设备政府采购名录，应当优先列入（ ）的产品、设备。

A. 管理节能工作的部门　取得节能产品认证证书

B. 政府采购监督管理部门　获得节能专项资金

C. 管理节能工作的部门会同有关部门　获得节能专项资金

D. 政府采购监督管理部门会同有关部门　取得节能产品认证证书

14.《节约能源法》规定，任何单位不得对能源消费实行（　）。

A. 限制　　B. 配额制　　C. 包费制　　D. 无偿提供

15. 下列属于法定重点用能单位的是（　）。

A. 年综合能耗量为 9 000 tce　　B. 省政府指定的年综合能耗量为 8 000 tce

C. 年综合能耗量为 5 000 万 tce　　D. 年综合能耗量为 12 000 tce

16.《节约能源法》规定重点用能单位应当设立能源管理岗位，并从符合条件的人员中聘任能源管理负责人。下列关于能源管理负责人的说法错误的有（　）。

A. 能源管理负责人应当具有节能专业知识和实际经验

B. 能源管理负责人应当具有初级以上技术职称

C. 重点用能单位聘任能源管理负责人，应当报管理节能工作的部门和有关部门备案

D. 能源管理负责人应当接受节能培训

17.《节约能源法》规定，下列用能单位为重点用能单位：年综合能源消费总量一万吨标准煤以上的用能单位；（　）指定的年综合能源消费总量五千吨以上不满一万吨标准煤的用能单位。

A. 国务院

B. 县级以上人民政府管理节能工作的部门

C. 国务院有关部门或者县级以上人民政府管理节能工作的部门

D. 国务院有关部门或者省、自治区、直辖市人民政府管理节能工作的部门

18. 关于交通运输节能，下列说法错误的是（　）。

A. 县级以上地方各级人民政府应当优先发展公共交通，加大对公共交通的投入，完善公共交通服务体系，鼓励利用公共交通工具出行；鼓励使用非机动交通工具出行

B. 国务院有关部门制定交通运输营运车船的燃料消耗量限值标准；不符合标准的，不得用于营运

C. 国家鼓励开发和推广应用交通运输工具使用的清洁燃料、石油替代燃料

D. 管理节能工作的部门对交通运输营运车船燃料消耗检测进行监督管理

19. 电网企业应当按照国务院有关部门制定的（　）的规定，安排清洁、高效和符合规定的热电联产、利用余热余压发电的机组以及其他符合资源综合利用规定的发电机组与电网并网运行，上网电价执行国家有关规定。

A. 热电联产　　B. 余热余压发电

C. 室内温度控制制度　　D. 节能发电调度管理

二、多选题

1. 按照《节约能源法》的规定，属于重点用能单位的是（ ）。

A. 所有年综合能源消费总量一万吨标准煤以上的用能单位

B. 省、自治区、直辖市人民政府管理节能工作的部门指定的年综合能源消费总量五千吨以上不满一万吨标准煤的用能单位

C. 国务院有关部门指定的年综合能源消费总量五千吨以上不满一万吨标准煤的用能单位

D. 所有年综合能源消费总量五千吨标准煤以上的用能单位

2. 《节约能源法》第五十四条规定："管理节能工作的部门应当对重点用能单位报送的能源利用状况报告进行审查，对于存在法定情形的，管理节能工作的部门应当开展现场调查，组织实施用能设备能源效率检测，责令实施能源审计，并提出书面整改要求，限期整改。"下列属于第五十四条规定的法定情形的是（ ）。

A. 节能管理制度不健全　　B. 节能措施不落实

C. 节能目标未完成　　D. 能源利用效率低

3. 《节约能源法》第五十四条规定管理节能工作的部门应当对重点用能单位报送的能源利用状况报告进行审查，对于节能管理制度不健全、节能措施不落实、能源利用效率低的重点用能单位，管理节能工作的部门可以采取哪些措施（ ）。

A. 开展现场调查　　B. 组织实施用能设备能源效率检测

C. 责令实施能源审计　　D. 提出书面整改要求

4. 《节约能源法》规定重点用能单位应当设立能源管理岗位，并从符合条件的人员中聘任能源管理负责人。下列关于能源管理负责人的说法正确的有（ ）。

A. 能源管理负责人应当具有节能专业知识和实际经验

B. 能源管理负责人应当具有初级以上技术职称

C. 重点用能单位聘任能源管理负责人，应当报管理节能工作的部门和有关部门备案

D. 能源管理负责人应当接受节能培训

5. 能源计量管理的内容包括（ ）。

A. 建立能源计量管理制度

B. 采用适合本单位实际的能源计量方法

C. 按规定配备和使用合适的能源计量器具

D. 加强能源计量数据的采集、记录管理

6. 重点用能单位应当每年向管理节能工作的部门报送上年度的能源利用状况报告。下列属于《节约能源法》明确规定的能源利用状况内容的是（ ）。

A. 能源消费情况和能源利用效率　　B. 节能措施

C. 节能目标完成情况　　D. 节能岗位设置情况

7. 重点用能单位应当设立能源管理岗位，在具有（　）的人员中聘任能源管理负责人，并报管理节能工作的部门和有关部门备案。

A. 节能专业知识　　B. 实际经验

C. 中级以上技术职称　　D. 硕士研究生以上学历

8.《节约能源法》明确规定的能源管理负责人的职责包括（　）。

A. 组织对本单位用能状况进行分析、评价

B. 组织编写本单位能源利用状况报告

C. 提出本单位节能工作的改进措施并组织实施

D. 组织本单位工作人员进行节能培训

三、判断题

1. 使用空调采暖、制冷的公共建筑应当实行室内温度控制制度，具体办法由国务院管理节能工作的部门制定。（　）

2. 在工业节能中，国家限制工业企业采用余热余压利用技术。（　）

3. 国家实行节能目标责任制和节能考核评价制度，将节能目标完成情况作为对地方人民政府及其负责人考核评价的内容。（　）

4. 公共机构应当厉行节约，杜绝浪费，带头使用节能产品、设备，提高能源利用效率。（　）

5. 用能单位应当建立能源消费统计和能源利用状况分析制度，对各类能源的消费实行分类计量和统计，并确保能源消费统计数据真实、完整。（　）

6. 用能单位应当每季度向管理节能工作的部门报送能源利用状况报告。（　）

7. 用能单位应当设立能源管理岗位，聘任能源管理负责人，并报管理节能工作的部门和有关部门备案。（　）

四、案例题

1. 2009 年 4 月 3 日，A 市节能行政主管部门发现 A 市某冶金有限公司（年综合能耗 1.6 万 tce）未在规定时间内报送能源利用状况报告。2009 年 4 月 6 日，A 市节能行政主管部门对该公司下达了限期整改通知书，要求该公司在 15 日内按要求报送 2008 年度能源利用状况报告。2009 年 4 月 20 日，A 市节能行政主管部门对该公司报送的 2008 年度能源利用状况报告进行书面审查，发现该公司基本情况、主要耗能设备状况等内容填报不完整。针对上述问题，A 市节能行政主管部门于 2009 年 4 月 23 日，对该公司下达了限期整改通知书，要求该公司在 10 日内按要求重新报送 2008 年度能源利用状况报告。但该公司并没有在整改期限内报送 2008 年度能源利用状况报告，经多次督促无果。2009 年 5 月 8 日，A 市节能行政主管部门对其下达行政处罚告知书。该公司在规定期限内未提出听证申请，也未进行任何陈述申辩，A 市节能行政主管部门于 2009 年 5 月 14 日对该公司下达了处以 3 万元罚款的行政处罚决定书。该公司在接到处罚决定书后，在法定期限内既未申请

行政复议，也未提起行政诉讼，但拒不履行该处罚决定。2009 年 8 月 25 日，A 市节能行政主管部门申请人民法院强制执行。

问题：请结合学过的节能法律知识对本案做一简要评析。

2. A 市某化工有限公司为年耗能 1.5 万 tce 的重点用能单位。2009 年初，该公司按要求向 A 市节能行政主管部门报送了 2008 年度能源利用状况报告，A 市节能行政主管部门按照《节约能源法》有关规定对其报告进行审查，发现该公司近两年内没有明显加强节能管理的措施，也没有进行节能技术改造，但节能目标完成情况良好，遂决定对该企业开展现场调查。2009 年 4 月 2 日，A 市节能行政主管部门对该公司进行了现场监察，通过现场调查询问和核算，发现该公司单位产品节能量和产值节能量均未完成年度节能目标，该公司采用了虚报产量和瞒报能源消耗量的方法来达到完成节能目标的目的。2009 年 4 月 6 日，A 市节能行政主管部门对该公司依法下达了限期整改通知书，要求其重新核实能源消耗种类、数量，各种产品产量等多项数据，并责令该公司 10 日内完成整改，重新上报能源利用状况报告。整改期限届满，A 市节能行政主管部门依法组织对该公司能源利用状况报告进行复审，发现该公司经整改未达到要求。2009 年 4 月 26 日，A 市节能行政主管部门依法对该公司下达了节能行政处罚告知书，告知其违法事实、理由以及拟作出罚款人民币 4 万元的行政处罚，并按法定程序告知其有陈述、申辩、申请听证的权利。A 市节能行政主管部门于 2009 年 5 月 15 日依法对该公司下达了节能行政处罚决定书，作出罚款人民币 3 万元的处罚决定。

问题：请结合学过的节能法律知识对本案做一简要评析。

3. A 市某造纸有限公司为重点用能企业，年综合能耗在 1.4 万 tce。《节约能源法》于 2008 年 4 月 1 日正式颁布实施，第五十五条规定："重点用能单位应当设立能源管理岗位，在具有节能专业知识、实际经验以及中级以上技术职称的人员中聘任能源管理负责人，并报管理节能工作的部门和有关部门备案。能源管理负责人负责组织对本单位用能状况进行分析、评价，组织编写本单位能源利用状况报告，提出本单位节能工作的改进措施并组织实施。能源管理负责人应当接受节能培训。"

2008 年 4 月 3 日，该公司组织有关人员就如何贯彻落实该法条进行讨论。A 科长认为：2007 年，市政府发文中未列明我公司为重点用能单位，无需落实此条规定；B 经理认为：这是公司内部管理行为，只要设立能源管理岗位、聘任能源管理负责人即可。C 经理认为：法律已经明确规定，必须严格按照法律规定落实，设立能源管理岗位、按规定聘任能源管理负责人，同时赋予其职责。

问题：你同意谁的意见？为什么？

第五节 节能相关法律

一、单选题

1.《中华人民共和国循环经济促进法》规定，国家实行（ ）的价格政策，引导单位和个人节约和合理使用水、电、气等资源性产品。

A. 有利于促进循环经济　　B. 有利于资源节约和合理利用

C. 有利于资源综合利用　　D. 有利于节能、节水、节电

2.《中华人民共和国可再生能源法》规定，国家实行可再生能源发电（ ）制度。

A. 全额收购　　B. 定额收购

C. 全额保障性收购　　D. 定额保障性收购

3. 按照《中华人民共和国循环经济促进法》的有关规定，国务院和省、自治区、直辖市人民政府的价格主管部门应当按照国家产业政策，对资源高消耗行业中的限制类项目，实行限制性的价格政策；对利用余热、余压、煤层气以及煤矸石、煤泥、垃圾等低热值燃料的并网发电项目，价格主管部门按照（ ）的原则确定其上网电价。

A. 有利于资源综合利用　　B. 有利于资源节约和合理利用

C. 有利于节能、节水、节电　　D. 有利于促进循环经济

4.（ ）按照全国可再生能源开发利用规划，确定在规划期内应当达到的可再生能源发电量占全部发电量的比重，制定电网企业优先调度和全额收购可再生能源发电的具体办法。

A. 国务院能源主管部门会同国家电力监管机构

B. 国家电力监管机构会同国务院财政部门

C. 国务院能源主管部门会同国家电力监管机构和国务院财政部门

D. 国务院能源主管部门会同和国务院财政部门

5. 根据《中华人民共和国循环经济促进法》的有关规定，省、自治区、直辖市人民政府可以根据本行政区域经济社会发展状况，实行（ ）。收取的费用专项用于垃圾分类、收集、运输、贮存、利用和处置，不得挪作他用；国家鼓励通过以旧换新、押金等方式回收废物。

A. 垃圾专项资金制度　　B. 垃圾乱扔乱放罚款制度

C. 垃圾利用收费制度　　D. 垃圾排放收费制度

6.（ ）制定太阳能利用系统与建筑结合的技术经济政策和技术规范。

A. 国务院能源主管部门会同国务院有关部门

B. 国务院能源主管部门会同国务院建设行政主管部门

C. 国务院建设行政主管部门

D. 国务院建设行政主管部门会同国务院有关部门

二、多选题

1.《中华人民共和国循环经济促进法》对节能激励措施做出了规定，下列说法正确的是（　）。

A. 国家对促进循环经济发展的产业活动给予税收优惠，并运用税收等措施鼓励进口先进的节能、节水、节材等技术、设备和产品，限制在生产过程中耗能高、污染重的产品的出口

B. 企业使用或者生产列入国家清洁生产、资源综合利用等鼓励名录的技术、工艺、设备或者产品的，按照国家有关规定享受税收优惠

C. 对符合国家产业政策的节能、节水、节地、节材、资源综合利用等项目，金融机构应当给予优先贷款等信贷支持，并积极提供配套金融服务

D. 对生产、进口、销售或者使用列入淘汰名录的技术、工艺、设备、材料或者产品的企业，金融机构不得提供任何形式的授信支持

2. 关于可再生能源发电全额保障性收购制度，下列说法正确的是（　）。

A. 国务院能源主管部门会同国家电力监管机构和国务院财政部门，制定电网企业优先调度和全额收购可再生能源发电的具体办法

B. 电网企业应当与按照可再生能源开发利用规划建设，依法取得行政许可或者报送备案的可再生能源发电企业签订并网协议，全额收购其电网覆盖范围内符合并网技术标准的可再生能源并网发电项目的上网电量

C. 电网企业应当加强电网建设，扩大可再生能源电力配置范围，发展和应用智能电网、储能等技术，完善电网运行管理，提高吸纳可再生能源电力的能力，为可再生能源发电提供上网服务

D. 可再生能源发电全额保障性收购制度由国家电力监管机构督促落实

3. 下列有关可再生能源发电全额保障性收购制度的说法，正确的是（　）。

A. 国务院能源主管部门会同国家电力监管机构和国务院财政部门，按照全国可再生能源开发利用规划，确定在规划期内应当达到的可再生能源发电量占全部发电量的比重，制定电网企业优先调度和全额收购可再生能源发电的具体办法，并由国务院能源主管部门会同国家电力监管机构在年度中督促落实

B. 国务院能源主管部门会同国家电力监管机构和国务院财政部门，按照全国可再生能源开发利用规划，确定在规划期内应当达到的可再生能源发电量占全部发电量的比重，制定电网企业优先调度和全额收购可再生能源发电的具体办法，并由国务院能源主管部门会同国家电力监管机构和国务院财政部门在年度中督促落实

C. 电网企业应当与按照可再生能源开发利用规划建设，依法取得行政许可或者报送备案的可再生能源发电企业签订并网协议，全额收购其电网覆盖范围内符合并网技术标准的可再生能源并网发电项目的上网电量

D. 发电企业有义务配合电网企业保障电网安全

三、判断题

1. 钢铁行业属于年综合能源消费量、用水量超过国家规定总量，需国家实行能耗、水耗的重点监督管理制度的行业。 （ ）

2. 《中华人民共和国循环经济促进法》规定禁止生产、进口、销售、使用淘汰的设备、材料、产品或者技术工艺。 （ ）

3. 利用生物质资源生产的燃气和热力，符合城市燃气管网、热力管网的入网技术标准的经营燃气管网、热力管网的企业应当接收其入网。 （ ）

4. 电网企业为收购可再生能源电量而支付的合理的接网费用以及其他合理的相关费用，不得计入电网企业输电成本。 （ ）

第三章　节 能 法 规

第一节　民用建筑节能条例

一、单选题

1.《民用建筑节能条例》属于（　）。

A. 法律　　B. 政策　　C. 行政法规　　D. 地方性法规

2. 根据《民用建筑节能条例》，下列不属于民用建筑的是（　）。

A. 居住建筑　　B. 国家机关办公建筑

C. 工业建筑　　D. 教育科研建筑

3.（　）制定既有建筑节能改造计划，明确节能改造的目标、范围和要求，报本级人民政府批准后组织实施。中央国家机关既有建筑的节能改造，由有关管理机关事务工作的机构制定节能改造计划，并组织实施。

A. 国务院管理节能工作的部门

B. 县级以上地方人民政府建设主管部门

C. 国务院建设主管部门

D. 县级以上地方人民政府管理节能工作的部门

4. 居住建筑和其他公共建筑不符合民用建筑节能强制性标准的，国家实行（　）改造原则。

A. 强制　　B. 分批　　C. 自愿　　D. 节能

5. 国家积极推进供热体制改革，完善供热价格形成机制，鼓励发展集中供热，逐步实行（　）制度。

A. 无偿供热　　B. 供热包费　　C. 按照面积收费　　D. 按照用热量收费

6.《民用建筑节能条例》规定了商品房销售能耗信息公示的要求。下列说法不符合商品房销售能耗信息公示要求的是（　）。

A. 房地产开发企业应当向购买人明示所售商品房的节能措施等信息

B. 房地产开发企业应当在售房广告中载明所售商品房的节能措施等信息

C. 违反条例规定，向购买人明示的所售商品房能源消耗指标与实际能源消耗不符的，依法承担民事责任；由县级以上地方人民政府建设主管部门责令限期改正；逾期未改正的，处交付使用的房屋销售总额2%以下的罚款；情节严重的，由颁发资质证书的部门降低资质等级或吊销资质证书

D. 节能措施等信息要在商品房买卖合同和住宅质量保证书、住宅使用说明书中载明

7.《民用建筑节能条例》规定，（ ）应当保证建筑用能系统的正常运行，不得人为损坏建筑围护结构和用能系统。

A. 建筑所有权人　　B. 建筑使用权人

C. 政府　　D. 建筑所有权人或使用权人

8.《民用建筑节能条例》第三十二条规定了公共建筑用电限额制度：县级以上地方人民政府节能工作主管部门应当会同同级建设主管部门确定本行政区域内公共建筑（ ）及其（ ）。

A. 重点用能单位　年度用电限额　　B. 重点用电单位　单位产品能耗限额

C. 重点用能单位　单位产品能耗限额　　D. 重点用电单位　年度用电限额

9. 下列不属于《民用建筑节能条例》规定的建设单位违法行为的是（ ）。

A. 明示或者暗示设计单位违反民用建筑节能强制性标准进行设计

B. 向购买人明示所售商品房的能源消耗指标

C. 使用列入禁止使用目录的技术、工艺、材料和设备的

D. 采购不符合施工图设计文件要求的墙体材料、保温材料、门窗、采暖制冷系统和照明设备的

10. 下列说法错误的是（ ）

A. 国家推广使用民用建筑节能的新技术、新工艺、新材料和新设备，限制使用或者禁止使用能源消耗高的技术、工艺、材料和设备

B. 国务院节能工作主管部门、建设主管部门应当制定、公布并及时更新推广使用、限制使用、禁止使用目录

C. 国家禁止进口能源消耗高的技术、材料和设备

D. 建设单位、设计单位、施工单位不得在建筑活动中使用列入禁止使用目录的技术、工艺、材料和设备

二、多选题

1. 下列说法正确的有（ ）。

A. 既有建筑节能改造，是指对不符合民用建筑节能强制性标准的既有建筑的围护结构、供热系统、采暖制冷系统、照明设备和热水供应设施等实施节能改造的活动

B. 国家机关办公建筑的节能改造，在尊重所有权人和使用权人意愿的基础上，可以结合扩建、改建，逐步实施节能改造

C. 各级人民政府及其有关部门、单位不得违反国家有关规定和标准，以节能改造的名义对既有建筑进行扩建、改建

D. 居住建筑和公益事业使用的公共建筑节能改造费用，由县级以上人民政府纳入本级财政预算

2. 下列说法错误的有（ ）。

A. 建设单位组织竣工验收，应当对民用建筑是否符合民用建筑节能强制性标准进行查验

B. 实行集中供热的建筑应当安装供热系统调控装置、用热计量装置和室内温度调控装置

C. 建设可再生能源利用设施，可以不与建筑主体工程同步设计、施工、验收

D. 建设单位对不符合民用建筑节能强制性标准的民用建筑项目出具竣工验收合格报告的，由县级以上地方人民政府节能行政主管部门责令改正

3. 下列说法正确的有（　）。

A. 建设单位不得明示或者暗示设计单位、施工单位违反民用建筑节能强制性标准进行设计、施工

B. 建设单位不得明示或者暗示施工单位使用不符合施工图设计文件要求的墙体材料、保温材料、门窗、采暖制冷系统和照明设备

C. 按照合同约定由建设单位采购墙体材料、保温材料、门窗、采暖制冷系统和照明设备的，建设单位应当保证其符合施工图设计文件要求

D. 施工单位应当对进入施工现场的墙体材料、保温材料、门窗、采暖制冷系统和照明设备进行查验；不符合施工图设计文件要求的，不得使用

4. 下列属于《民用建筑节能条例》规定的设计单位、施工单位、工程监理单位的节能义务的有（　）。

A. 施工单位应当对进入施工现场的墙体材料、保温材料、门窗、采暖制冷系统和照明设备进行查验

B. 工程监理单位发现施工单位不按照民用建筑节能强制性标准施工的，应当要求施工单位改正

C. 墙体、屋面的保温工程施工时，监理工程师应当按照工程监理规范的要求，采取旁站、巡视和平行检验等形式实施监理

D. 未经监理工程师签字，墙体材料、保温材料、门窗、采暖制冷系统和照明设备不得在建筑上使用或者安装，施工单位不得进行下一道工序的施工

三、判断题

1. 房地产开发企业销售商品房，可以不向购买人明示所售商品房的能源消耗指标、节能措施和保护要求、保温工程保修期能信息。（　）

2. 中央国家机关既有建筑的节能改造，由有关管理机关事务工作的机构制定节能改造计划，并组织实施。（　）

3. 县级以上地方人民政府统计部门应当对本行政区域内供热单位的能源消耗情况进行调查统计和分析，并制定供热单位能源消耗指标。（　）

4. 国家机关办公建筑和大型公共建筑的所有权人应当对建筑的能源利用效率进行测评和标识，测评结果应当保密。（　）

第二节 公共机构节能条例

一、单选题

1. 《公共机构节能条例》属于（ ）。

A. 法律　　B. 行政法规　　C. 地方性法规　　D. 规章

2. 下列哪个不属于《公共机构节能条例》的立法宗旨（ ）。

A. 推动公共机构节能

B. 提高公共机构能源利用效率

C. 发挥公共机构在全社会节能中的表率作用

D. 建立健全节能法律体系

3. 下列不属于公共机构的是（ ）。

A. 国家机关　　B. 全部使用财政性资金的事业单位

C. 部分使用财政性资金的团体组织　　D. 自收自支的事业单位

4. （ ）主管全国的公共机构节能监督管理工作。

A. 国务院管理节能工作的部门

B. 国务院管理机关事务工作的机构

C. 县级以上地方各级人民政府管理机关事务工作的机构

D. 县级以上地方各级人民政府管理节能工作的部门

5. 公共机构应当结合本单位用能特点和上一年度用能状况，制定年度节能目标和实施方案，有针对性地采取节能管理或者节能改造措施，保证节能目标的完成。公共机构应当将年度节能目标和实施方案报（ ）备案。

A. 本级人民代表大会及其常委会

B. 本级人民政府管理节能工作的部门

C. 上一级人民政府

D. 本级人民政府管理机关事务工作的机构

二、多选题

1. 下列说法正确的有（ ）。

A. 公共机构应当实行能源消费计量制度，区分用能种类、用能系统实行能源消费分户、分类、分项计量

B. 公共机构应当对能源消耗状况进行实时监测，及时发现、纠正用能浪费现象

C. 公共机构应当指定专人负责能源消费统计，如实记录能源消费计量原始数据，建立统计台账

D. 公共机构应当于每年3月31日前，向本级人民政府管理机关事务工作的机构报

送上一年度能源消费状况报告

2. 关于能源消耗定额制度，下列说法正确的有（ ）。

A. 能源消耗定额由国务院和县级以上地方各级人民政府管理机关事务工作的机构会同同级有关部门按照管理权限制定

B. 公共机构应当在能源消耗定额范围内使用能源，加强能源消耗支出管理

C. 公共机构超过能源消耗定额使用能源的，应当向本级人民政府管理机关事务工作的机构作出说明

D. 财政部门根据能源消耗定额制定能源消耗支出标准

3. 节能产品设备采购制度，下列说法正确的有（ ）。

A. 公共机构采购节能产品、设备，应当按照国家有关强制采购或者优先采购的规定

B. 公共机构采购的节能产品、设备采购应当是列入节能产品、设备政府采购名录和环境标志产品政府采购名录中的产品、设备

C. 公共机构不得采购国家明令淘汰的用能产品、设备

D. 国务院和省级人民政府应当将节能产品、设备政府采购名录中的产品、设备纳入政府集中采购目录

4. 下列说法错误的有（ ）。

A. 国务院和县级以上地方各级人民政府建设主管部门制定本级公共机构既有建筑节能改造计划，并组织实施

B. 公共机构新建建筑和既有建筑维修改造应当严格执行国家有关建筑节能设计、施工、调试、竣工验收等方面的规定和标准，国务院和县级以上地方人民政府建设主管部门对执行国家有关规定和标准的情况应当加强监督检查

C. 公共机构应当按照规定进行能源审计，对本单位用能系统、设备的运行及使用能源情况进行技术和经济性评价，根据审计结果采取提高能源利用效率的措施。具体办法由国务管理机关事务工作的机构会同国务院有关部门制定

D. 公共机构可以设置能源管理岗位，实行能源管理岗位责任制

第三节 山东省节能条例

一、单选题

1.《山东省节约能源条例》于1997年6月6日山东省第八届人民代表大会常务委员会第二十八次会议通过，2009年7月24日山东省第十一届人民代表大会常务委员会第十二次会议修订。下列说法不正确的是（ ）。

A.《山东省节约能源条例》属于地方性法规

B. 从法的效力来看，《山东省节约能源条例》的效力低于《中华人民共和国节约能

源法》

C. 根据“后法优于前法”的原则，修订后的《山东省节约能源条例》效力高于《中华人民共和国节约能源法》

D. 从法的效力范围看，在山东省行政区域内开发、利用能源以及从事节能相关管理活动，应当遵守《山东省节约能源条例》

2.《山东省节约能源条例》属于（ ）。

A. 行政法规　　B. 法律　　C. 地方性法规　　D. 规章

3. 根据《山东省节约能源条例》的规定，新建、改建、扩建工业固定资产投资项目，建设单位应当按照国家规定进行节能评估，并按项目管理权限报（ ）审查。

A. 质检部门　　B. 投资主管部门

C. 建设主管部门　　D. 节能主管部门

4. 根据《山东省节约能源条例》，下列说法正确的是（ ）。

A. 对所有行业的单位产品能耗实行预警调控制度

B. 对未完成节能目标或者落后产能淘汰任务的地区或者企业，由节能主管部门实行高耗能行业项目区域限批或者企业限批制度

C. 对县级人民政府可以不实行节能目标责任制和节能考核评价制度

D. 国家和省对落后的耗能过高的用能产品、设备和生产工艺实行淘汰制度

5.《山东省节约能源条例》规定，县级以上人民政府应当根据上一级人民政府编制的节能中长期专项规划和年度节能计划，结合本地实际，组织编制和实施本行政区域的节能中长期专项规划和年度节能计划。县级以上人民政府有关部门应当会同同级节能主管部门，根据本行政区域节能中长期专项规划和年度节能计划，编制本领域的节能规划和年度节能计划，报（ ）批准后实施。

A. 本级人民政府　　B. 节能主管部门

C. 上一级人民政府　　D. 上一级有关部门及节能主管部门

6. 根据《山东省节约能源条例》，下列说法错误的是（ ）。

A. 对所有行业的单位产品能耗实行预警调控制度

B. 对未完成节能目标或者未完成落后产能淘汰任务的实行高耗能行业项目区域限批或者企业限批制度

C. 实行节能产业目录公布制度

D. 实行落后高耗能用能产品、设备和生产工艺淘汰制度

7.《山东省节约能源条例》规定，县级以上人民政府应当每年向（ ）报告节能目标责任的履行情况。

A. 本级人民代表大会及其常委会　　B. 全国人大及其常委会

C. 上一级人民政府　　D. 国务院

8.《山东省节约能源条例》对节能行政主管部门和其他有关部门监督检查时可以采取

的措施作了规定，下列不属于节能监督检查措施的是（ ）

A. 查阅、复印或者摘录与监督检查事项有关的文件、财务账目等资料

B. 要求用能单位就监督检查事项所涉及的问题作出解释和说明

C. 根据需要可以对有关产品、设备、资料、场景等进行录像、拍照

D. 采取查封、扣押等措施

9.《山东省节约能源条例》规定，对（ ）实行预警调控制度。

A. 企业综合能耗　　B. 单位产品能耗

C. 主要耗能行业的单位产品能耗　　D. 重点企业综合能源消费量

10.《山东省节约能源条例》规定，县级以上人民政府应当鼓励发展节能环保型产业，加快推行清洁生产，对高耗能行业进行调整改造。（ ）的，投资主管部门应当按照项目管理权限实行高耗能行业项目区域限批或者企业限批。

A. 不遵守节能标准的

B. 超过单位产品能耗限额

C. 使用国家命令淘汰设备

D. 未完成节能目标或者未完成落后产能淘汰任务

11.《山东省节约能源条例》规定，在本省行政区域内（ ），应当遵守本条例。

A. 开发、利用能源

B. 利用能源以及从事节能相关管理活动

C. 开发、利用能源以及从事节能相关管理活动

D. 利用能源

12.《山东省节约能源条例》规定，县级以上人民政府应当鼓励发展节能环保型产业，加快推行清洁生产，对高耗能行业进行调整改造。未完成节能目标或者未完成落后产能淘汰任务的，（ ）应当按照项目管理权限实行高耗能行业项目区域限批或者企业限批。

A. 投资主管部门　　B. 节能主管部门

C. 建设主管部门　　D. 交通运输主管部门

13. 下列说法错误的是（ ）。

A. 新修改的《山东省节约能源条例》的调整范围包括工业节能、建筑节能、交通运输节能、公共机构节能、农业和农村节能、生活节能等

B. 新修改的《山东省节约能源条例》健全和完善了节能基本制度

C. 新修改的《山东省节约能源条例》规定了节能主管部门应当按照项目管理权限实行高耗能行业项目区域限批或者企业限批制度

D. 新修改的《山东省节约能源条例》加大了政策激励力度

14. 根据《山东省节约能源条例》的规定，由（ ）根据国家有关规定和本省经济发展水平，制定本省限期淘汰的用能产品、设备和生产工艺目录，报（ ）批准后向社会公布。

A. 省节能行政主管部门会同有关部门 省人民政府
B. 省质量监督部门会同有关部门 省人民政府
C. 省质量监督部门会同有关部门 国家质量监督部门
D. 省节能行政主管部门会同有关部门 国家管理节能工作的部门

15.《山东省节约能源条例》规定，新建、改建、扩建工业固定资产投资项目，建设单位应当按照国家规定进行节能评估，并按项目管理权限报节能行政主管部门审查。下列情形除哪项之外，不得审查通过（ ）。

A. 使用国家和省明令淘汰的生产工艺、用能设备的
B. 用能设备不符合强制性能源效率标准的
C. 能源利用状况报告内容不实的
D. 产品不符合单位产品能耗限额标准的

二、多选题

1.《山东省节约能源条例》于 1997 年 6 月 6 日山东省第八届人民代表大会常务委员会第二十八次会议通过，2009 年 7 月 24 日山东省第十一届人民代表大会常务委员会第十二次会议修订。下列说法正确的是（ ）。

A.《山东省节约能源条例》属于地方性法规
B. 从法的效力来看，《山东省节约能源条例》的效力低于《中华人民共和国节约能源法》
C. 根据“后法优于前法”的原则，修订后的《山东省节约能源条例》效力高于《中华人民共和国节约能源法》
D. 从法的效力范围看，在山东省行政区域内开发、利用能源以及从事节能相关管理活动，应当遵守《山东省节约能源条例》

2.《山东省节约能源条例》规定了对主要耗能行业的单位产品能耗实行预警调控制度。下列说法正确的有（ ）。

A. 省节能行政主管部门应当会同有关部门根据产业发展水平，制定主要耗能行业单位产品能耗预警控制线
B. 超出预警控制线的，直接对生产单位采取调控措施
C. 超出预警控制线的，生产单位应当在规定的期限内采取措施，降低能耗
D. 生产单位超出预警控制线的，应当在规定的期限内采取措施，降低能耗，逾期仍超出预警控制线的，可以对生产单位采取调控措施

3. 下列哪些领域的节能，被纳入了修订后的《山东省节约能源条例》的调整范围（ ）。

A. 工业节能、交通运输节能　　B. 建筑节能
C. 公共机构节能　　D. 农业和农村节能、生活节能

4.《山东省节约能源条例》规定了对工业固定资产投资项目不得审查通过的几种情

形，这几种情形主要有（ ）。

A. 使用国家和省明令淘汰的生产工艺、用能设备

B. 用能设备不符合强制性能源效率标准

C. 产品不符合单位产品能耗限额标准

D. 不符合国家和省规定的其他节能要求

5. 根据《山东省节约能源条例》，下列说法正确的有（ ）。

A. 对主要耗能行业的单位产品能耗实行预警调控制度

B. 对未完成节能目标或者未完成落后产能淘汰任务的实行高耗能行业项目区域限批或者企业限批制度

C. 实行节能产业目录公布制度

D. 实行落后高耗能用能产品、设备和生产工艺淘汰制度

6.《山东省节约能源条例》对节能行政主管部门和其他有关部门监督检查时可以采取的措施作了规定，下列属于节能监督检查措施的是（ ）

A. 查阅、复印或者摘录与监督检查事项有关的文件、财务账目等资料

B. 要求用能单位就监督检查事项所涉及的问题作出解释和说明

C. 根据需要可以对有关产品、设备、资料、场景等进行录像、拍照

D. 采取查封、扣押等措施

7.《山东省节约能源条例》规定了对电网企业的节能要求。下列属于电网企业节能要求的有（ ）

A. 加强电网建设、改造和电能保护

B. 加强需求侧管理，优化资源配置，实施有序用电，降低线损和配电损失，减少无功损耗，提高电能利用效率

C. 电网企业应当按照节能发电调度管理的有关规定，安排清洁、高效和符合规定的热电联产、利用余热余压发电的机组以及其他符合资源综合利用规定的发电机组与电网并网发电运行

D. 安排符合资源综合利用规定的发电机组与电网并网发电运行时，上网电价按照国家有关规定执行

8.《山东省节约能源条例》规定，对能源消费给予经济补贴包括 3 种类型，下列正确的是（ ）。

A. 无偿或者低于市场价格向本单位职工提供能源

B. 对本单位职工按能源消费量给予补贴

C. 对能源消费实行包费制

D. 以市场价格向本单位职工提供能源

第四章　节 能 规 章

第一节　重点用能单位节能管理办法

单选题

1. 重点用能单位应建立健全节能管理制度，运用科学的管理方法和先进的技术手段，制定并组织实施本单位（　），合理有效地利用能源。

A. 节能规划　　　　B. 节能技术进步措施

C. 节能计划　　　　D. 节能计划和节能技术进步措施

2.《重点用能单位节能管理办法》规定，主要耗能设备操作人员未经节能培训（　）上岗。

A. 可以　　B. 应当　　C. 特殊情况下不得　D. 不得

第二节　公路水路交通实施节能法办法

一、单选题

1.《公路、水路交通实施〈中华人民共和国节约能源法〉办法》规定，交通用能单位可以根据本单位实际情况建立（　），对节能工作取得成绩的集体、个人给予奖励。

A. 节能奖惩制度　　　　B. 节能奖励制度

C. 专项节能奖励机制　　D. 节能宣传制度

2.《公路、水路交通实施〈中华人民共和国节约能源法〉办法》规定，交通重点用能单位是指公路、水路交通年能耗超过（　）的用能单位。

A. 3 000 tce　　B. 2 000 tce　　C. 10 000 tce　　D. 5 000 tce

二、判断题

交通运输部建立公路、水路交通能源消耗报告、统计、分析制度，配合国务院统计部门加强对统计指标体系的科学研究，改进和规范能源消耗统计方法，做好公路、水路交通能源利用状况的统计和发布工作。（　）

第三节　道路运输车辆燃料消耗量检测和监督管理办法

一、单选题

1.《道路运输车辆燃料消耗量检测和监督管理办法》规定，总质量超过（　）的道路旅客运输车辆和货物运输车辆的燃料消耗量应当分别满足交通行业标准 JT 711《营运客车燃料消耗量限值及测量方法》和 JT 719《营运货车燃料消耗量限值及测量方法》的要求。

A. 1 000 kg　　B. 5 000 kg　　C. 2 500 kg　　D. 3 500 kg

2.《道路运输车辆燃料消耗量检测和监督管理办法》规定，《道路运输证》是（ ）统一制发的经营道路运输的合法凭证。

A. 县级交通管理部门　　B. 市交通局

C. 省交通厅　　D. 交通运输部

二、多选题

下列说法正确的有（ ）

A. 凡在我国境内从事道路运输经营活动的机动车辆，均须持有《道路运输证》

B. 道路运输管理机构应当加强对已进入道路运输市场车辆的燃料消耗量指标的监督管理

C. 对于达到国家规定的报废标准或经检测不符合标准要求的车辆，不得允许其继续从事道路运输经营活动

D.《道路运输证》由省级交通管理部门制发

第四节　高耗能特种设备节能监督管理办法

一、单选题

1. 下列说法错误的是（ ）

A. 锅炉、换热压力容器产品在试制时进行能效测试

B. 未经能效测试或者测试结果未达到能效指标要求的，可以先进行批量制造，事后补办测试手续

C. 电梯产品在安全性能型式试验时进行能效测试

D. 未经能效测试或者测试结果未达到能效指标要求的，不得进行批量制造

2. 对在用国家明令淘汰的高耗能特种设备，使用单位应当（ ）。

A. 立即淘汰或销毁　　B. 立即改造或更换

C. 在规定的期限内予以改造或者更换　　D. 在规定的期限内缴纳罚款

二、多选题

高耗能特种设备使用单位应建立健全（ ）等节能管理制度和岗位责任制度。

A. 经济运行　　B. 节能监察

C. 能效计量监控与统计　　D. 能效考核

三、判断题

特种设备生产单位不得生产不符合能效指标要求或者国家产业政策明令淘汰的高耗能特种设备。（ ）

第五节 中央企业节能减排监督管理暂行办法

一、单选题

（ ）应当设置负责节能减排协调、监督管理的职能部门，或者在有关职能部门中设置专职负责协调、监督管理工作的内部机构，负责节能减排日常管理和监督工作。

A. 重点类企业　B. 关注类企业　C. 中央企业　D. 一般类企业

二、多选题

1. 中央企业应将本企业（ ）等重要事项及时报告国资委。

A. 节能减排重要科研成果

B. 重大违规和环保事故

C. 各级政府有关部门对本企业年度考核情况

D. 各级政府有关部门对本企业其所属企业年度考核情况

2. 中央企业节能减排总结分析报告应当包括本企业能耗和主要污染物排放状况及变化、（ ）等内容。

A. 节能减排管理情况　B. 节能减排措施

C. 节能减排成效　D. 存在的问题及改进措施

三、判断题

重点类、关注类和一般类企业应当按季度上报汇总报表和总结分析报告。（ ）

第六节 固定资产投资项目节能评估和审查暂行办法

一、单选题

1. 固定资产投资项目节能评估按照（ ）实行分类管理。

A. 企业能源消费总量　B. 单位产品能耗水平

C. 项目投资额　D. 项目建成投产后年能源消费量

2. 年综合能源消费量 3 000 tce 以上的固定资产投资项目，应单独编制（ ）。

A. 节能评估报告书　B. 节能评估报告表

C. 节能登记表　D. 节能监察建议书

二、多选题

下列说法正确的有（ ）

A. 固定资产投资项目节能评估文件及其审查意见、节能登记表及其登记备案意见，是项目审批、核准或开工建设的前置性条件

B. 固定资产投资项目节能评估文件及其审查意见、节能登记表及其登记备案意见，

是项目设计、施工和竣工验收的重要依据

C. 固定资产投资项目节能评估文件的编制费用由节能审查机关的同级财政安排

D. 按照有关规定实行审批或核准制的固定资产投资项目，建设单位应在报送可行性研究报告或项目申请报告时，一同报送节能评估文件提请审查或报送节能登记表进行登记备案

三、判断题

节能审查机关收到项目节能评估文件后，要进行独立审查，不得委托任何机构进行评审。 （ ）

第七节 能源效率标识管理办法

一、单选题

1.《能源效率标识管理办法》属于（ ）。

A. 行政法规 B. 法律 C. 地方性法规 D. 规章

2. 国家对节能潜力大、使用面广的用能产品实行统一的（ ）。

A. 能源效率标识制度 B. 产品能耗限额制度

C. 节能产品标示制度 D. 能耗预警调控制度

3. 根据《能源效率标识管理办法》规定，列入《中华人民共和国实行能源效率标识的产品目录》的产品的生产者或进口商应当在使用能源效率标识之日起（ ）日内，向授权机构备案。

A. 20 B. 30 C. 40 D. 60

4. 下列说法错误的是（ ）。

A. 列入《中华人民共和国实行能源效率标识的产品目录》的产品的生产者或进口商，不可以利用自身的检测能力进行检测

B. 列入《中华人民共和国实行能源效率标识的产品目录》的产品的生产者或进口商，可以委托国家确定的认可机构认可的检测机构进行检测

C. 对产品的能源效率指标发生争议时，企业应当委托经依法认定或者认可机构认可的第三方检测机构重新进行检测

D. 检测机构接受生产者或进口商的委托进行检测，必须客观、公正，保证检测结果的准确

二、多选题

1. 能源效率标识的基本内容包括（ ）。

A. 生产者名称或者简称 B. 产品规格型号

C. 能源效率等级 D. 能源消耗量

E. 执行的能源效率国家标准编号

2. 下列说法正确的是（ ）

A. 凡列入《中华人民共和国实行能源效率标识的产品目录》的产品，应当在产品或者产品最小包装的明显部位标注统一的能源效率标识，并在产品说明书中说明

B. 生产者或进口商应当根据国家统一规定的能源效率标识样式、规格以及标注规定，印制和使用能源效率标识

C. 生产者和进口商应当对其使用的能源效率标识信息准确性负责，不得伪造或冒用能源效率标识

D. 销售者不得销售应当标注但未标注能源效率标识的产品，不得伪造或冒用能源效率标识

3. 生产者或进口商向国家质量监督检验检疫总局和国家发展改革委授权的机构备案时，应当提交的材料包括（ ）。

A. 生产者营业执照或者登记注册证明复印件

B. 产品能源效率检测报告

C. 初始使用日期等其他有关材料

D. 能源效率标识样本

4. 下列说法错误的是（ ）。

A. 能源效率标识内容发生变化时，生产者或进口商可以不用重新备案

B. 国家质量监督检验检疫总局和国家发展改革委授权的机构应当定期公告备案信息

C. 国家质量监督检验检疫总局和国家发展改革委授权的机构对生产者和进口商使用的能源效率标识进行核验

D. 能源效率标识备案收取工本费

第八节 山东省节能监察办法

一、单选题

1.《山东省节能监察办法》规定：被监察单位拒绝依法实施的节能监察的，由节能行政主管部门给予警告，责令限期整改；拒不整改的，可并处（ ）罚款；阻碍依法实施的节能监察、违反治安管理处罚规定的，由公安机关依法进行处罚；构成犯罪的，依法追究刑事责任。

A. 1 000 元以上 5 000 元以下　　B. 1 000 元以上 10 000 元以下

C. 2 000 元以上 5 000 元以下　　D. 2 000 元以上 10 000 元以下

2. 被监察单位存在违反节约能源法律、法规、规章和强制性标准的，制作（ ），责

令被监察单位改正。

A. 限期整改通知书　　B. 行政处罚决定书

C. 节能监察建议书　　D. 节能监察意见书

二、多选题

根据《山东省节能监察办法》规定，被监察单位享有的权利有（　）。

A. 要求复测的权利　　B. 拒绝、举报违法监察的权利

C. 拒绝节能监察的权利　　D. 提出回避的权利

三、判断题

1. 节能监察机构及其工作人员不得泄露被监察单位的技术秘密和商业秘密。（　）

2. 实施节能监察时，监察人员可以要求被监察单位提供与节能监察内容有关的技术文件和材料，并进行查阅或者复制。（　）

第九节　山东省公共机构节能管理办法

一、单选题

1. 公共机构应当根据《山东省公共机构节能管理办法》规定，每（　）由本单位或者委托专业节能服务机构进行一次能源审计，对本单位用能系统、设备的运行及使用能源情况进行技术和经济性评价，根据审计结果采取提高能源利用效率的措施。

A. 1年　　B. 3年　　C. 2年　　D. 1年半

2.《山东省公共机构节能管理办法》规定节能联络员（　）接受节能培训。

A. 不强制　　B. 可以不　　C. 应当　　D. 可以

二、多选题

下列说法正确的有（　）。

A. 公共机构应当建立能源消费统计制度，指定专人负责能源消费统计

B. 公共机构应当建立节能联络员工作制度，指定专人任节能联络员

C. 公共机构与物业服务企业订立物业服务合同时，应当载明节能管理的目标和要求

D. 公共机构应于每年3月31日前将上一年度能源消费状况报告报送本级人民政府管理节能工作的机构

三、判断题

对未通过节能评估和审查的公共机构建设项目，或者以节能改造的名义改扩建办公楼和进行豪华装修的，《山东省公共机构节能管理办法》第23条规定：由本级人民政府管理机关事务工作的机构会同有关部门责令限期改正。（　）

第五章　节 能 标 准

第一节　节能标准化概述

单选题

我国节能标准化工作始于（　）。

A. 20 世纪 60 年代　　B. 20 世纪 70 年代

C. 20 世纪 80 年代　　D. 20 世纪 90 年代

第二节　通 用 节 能 标 准

一、单选题

1. 根据实际情况充分采用国家、行业和（　）节能标准，并纳入本企业节能标准体系中。

A. 地方　　B. 企业　　C. 工艺　　D. 设备

2. 企业节能标准体系分为 3 个基本层次，其中第一层次为（　）。

A. 节能技术标准　　B. 节能管理标准

C. 节能基础标准　　D. 节能工作标准

3. 节能基础标准、节能技术标准、节能管理标准和节能工作标准子体系的结构方式根据企业具体情况，应使各子系统之间具有（　）。

A. 科学性　　B. 关联性　　C. 规范性　　D. 综合性

4. 节能技术标准子体系中主要包括节能设备标准、节能设计标准、（　）、节能测试与检验标准等类别。

A. 能耗限额标准　　B. 能源计量标准

C. 节能计算标准　　D. 节能施工与安装标准

5. 企业节能工作标准子体系中主要包括（　）、一般操作人员节能工作标准、一般工作人员节能工作标准等类别。

A. 节能监测标准　　B. 能源统计标准

C. 重点耗能设备操作人员节能工作标准　D. 节能管理标准

6. GB/T 2589—2008《综合能耗计算通则》规定用能单位实际消耗的燃料能源应以其（　）为计算基础折算为标准煤量。

A. 发热量　　B. 耗能量

C. 高（位）发热量　　D. 低（位）发热量

二、多选题

1. 企业节能标准体系的编制原则是协调一致、全面配套（　）。

A. 层次恰当　　B. 上下分明　　C. 划分明确　　D. 开放扩展

2. 企业节能标准体系包括（　）。

A. 节能工作标准　　B. 节能技术标准

C. 节能管理标准　　D. 节能基础标准

3. 节能基础标准子体系主要包括（　）等类别。

A. 用能设备标准　　B. 术语标准

C. 文字代号标准　　D. 编码分类标准

4. 节能管理标准子体系中主要包括能耗限额标准、节能监测标准、合理用能标准、能源计量标准、能源统计标准、节能计算标准、（　）等类别。

A. 经济运行标准　　B. 综合评价标准

C. 节能设计标准　　D. 产品和设备能效标准

5. 综合能耗计算的能源种类有（　）。

A. 一次能源　　B. 二次能源　　C. 核能　　D. 耗能工质

6. 对企业的综合能耗计算范围包括（　）。

A. 主要生产系统　　B. 辅助生产系统

C. 附属生产系统　　D. 次要生产系统

三、判断题

1. 企业节能标准体系中各类标准的划分应符合企业自身的技术、管理特征，便于管理、修改和补充。（　）

2. 耗能工质是在生产过程中所消耗的作为原料使用、也可进入产品，在生产或制取时需要直接消耗能源的工作物质。（　）

3. 企业在建立节能标准体系时应将国家和地方节约能源法律和法规、国家和行业节能标准体系与规划、企业节能方针与目标构成了的外层上延作为指导性文件，并放在企业标准体系之上。（　）

4. 综合能耗的计算范围是指用能单位生产活动过程中实际消耗的各种能源。（　）

第三节　能耗限额类标准

一、单选题

1. 截至2012年年底，国家发布了（　）项高耗能产品能耗限额标准。

A. 27　　B. 21　　C. 53　　D. 54

2. 各省（直辖市）根据自身状况也相继制定了一系列的单位产品能源限额类标准，

其中山东省截至2012年年底共出台了（ ）项高耗能产品限额标准。

A. 45　　B. 51　　C. 55　　D. 60

3. 限额值按行业现行能耗水平的（ ）作为淘汰率确定，在统计年度内对企业提出能耗水平控制要求。

A. 15%～20%　　B. 15%～25%

C. 20%～25%　　D. 20%～30%

4. 先进值是以代表国际先进水平或国内行业的（ ）水平确定，是全行业能耗控制的目标。

A. 先进　　B. 创新　　C. 最高　　D. 领先

二、多选题

1. 国家产品能耗限额标准包括（ ）。

A. 准入值　　B. 限定值　　C. 先进值　　D. 国际领先值

2. 2012年年底前，山东省发布的产品能耗限额标准包括（ ）。

A. 2008年限额值

B. 2010年限额值

C. 2012年限额值

D. 2015年限额值

三、判断题

1. 制定能耗限额的目的在于提高主要耗能行业新建项目门槛，淘汰行业落后生产能力，强令高耗能行业节能减排，使企业不断提高能源利用率。（ ）

2. 新建项目的准入值就是国家批准新建项目时要求必须达到的能耗控制值，否则不予批准建设。（ ）

四、分析题

给定材料：

根据节能降耗的要求，国家产品能耗限额标准单位产品综合能耗分为先进值、准入值和限定值。其中：限定值是对现有企业提出的最低要求；准入值是指新建项目必须达到的能耗控制值，其能耗指标尽量取国内先进水平；先进值以代表国际先进水平或国内行业的最高水平确定，是全行业能耗控制的目标，代表企业产品能耗的最优水平。

作答要求：

根据“给定材料”，对国家产品能耗限额标准单位产品综合能耗划分为先进值、准入值和限定值的科学性进行分析评价。

要求：准确且有针对性，字数不超过200字。

第四节　合理用热标准

一、单选题

1. GB/T 3486—1993《评价企业合理用热技术导则》是指导企业合理用热的综合性标准，于（　）开始实施。

A. 1994年2月1日　　B. 1994年3月1日

C. 1993年2月1日　　D. 1993年3月1日

2. 影响排渣可燃物含量的主要因素包括（　）。

A. 燃煤品种的燃料特性　　B. 燃烧方式

C. 炉膛温度　　D. 以上均正确

3. 燃煤品种的燃料特性是燃料燃烧好坏的重要因素之一，包括燃煤的（　）、结焦性、灰分和水分。

A. 挥发分　　B. 收到基碳　　C. 固定碳　　D. 收到基硫

4. 炉膛温度的高低是燃料燃烧好坏的重要因素。为了保证炉内燃烧的稳定，炉膛温度应维持在（　）左右。

A. 800 ℃　　B. 900 ℃　　C. 1 000 ℃　　D. 1 300 ℃

5. GB/T 3486—1993《评价企业合理用热技术导则》规定：燃油设备及容量大于或等于（　）MW的工业锅炉、燃料消耗1 500 tce/a以上的窑炉，应配备燃烧过程自控系统，有条件的应装设燃烧过程微机控制和检测系统。

A. 7　　B. 6　　C. 14　　D. 0.7

6. 供风引风系统必须保证必要的风量与压力，供风、引风系统的能力必须和燃料主体、设备相匹配，其富裕度不应过大，尽量采用（　）。

A. 节流调节　　B. 变速调节系统　　C. 导向器调节　　D. 串级调节

7. 目前，锅炉的鼓、引风机系统一般都是单炉匹配即每台锅炉装一台鼓风机和一台引风机，一般鼓风机的转数（　）引风机的转数。

A. 小于　　B. 等于　　C. 高于　　D. 不确定

8. 被动式强化传热是不需要消耗外部能量的，是换热器强化传热主要采用的方法，以下哪项不是被动式强化传热。（　）

A. 传热管的表面处理　　B. 传热管的形状变化

C. 改变支撑物　　D. 搅拌

9. GB/T 3486—1993《评价企业合理用热技术导则》中规定多台热设备并列运行时，应根据（　）的原则，调整开动台数及各台负荷。

A. 单产热耗最低　　B. 实际生产情况

C. 操作工水平　　D. 设备情况

10. 在燃煤锅炉中，燃烧的基本条件不包括以下哪个因素（ ）。

A. 足够高的炉膛温度　　B. 适当的空气量

C. 足够的燃烧时间　　D. 大量的燃煤

11.《评价企业合理用热技术导则》中5.1.2规定："当环境温度为25 ℃时，工业锅炉外壁表面平均温度不得超过（ ）℃。"

A. 45　　B. 48　　C. 50　　D. 55

12. 在蒸汽供热系统中，用汽设备产生的凝结水，在技术上可行、经济合理的前提下，必须回收，凝结水的回收率不得小于（ ）%。

A. 45　　B. 50　　C. 55　　D. 60

13. GB/T 24561—2009《干燥窑与烘烤炉节能监测》规定：各种燃煤、燃气的干燥窑与烘烤炉的窑炉顶表面温升小于或等于（ ）。

A. 50 ℃　　B. 70 ℃　　C. 40 ℃　　D. 30 ℃

14. 热传递是一种复杂的现象，传热过程的基本方式是（ ）。

A. 导热　　B. 对流换热　　C. 辐射换热　　D. 以上都是

15. GB/T 1028—2000《工业余热术语、分类、等级及余热资源量计算方法》规定余热资源一般分为三等，其中二等余热资源是指（ ）的烟气。

A. 150～500 ℃　　B. 250～400 ℃

C. 150～250 ℃　　D. 400～500 ℃

16. GB/T 18292—2009《生活锅炉经济运行》规定："生活锅炉的经济运行综合评判分为三个运行级别：一级（运行）、二级（运行）、三级（运行）。"那样对新安装的锅炉，从投运之日起两年以内的，应以运行（ ）为达到经济运行的基本要求。

A. 一级　　B. 二级　　C. 三级　　D. 没有要求

17. GB/T 15317—2009《燃煤工业锅炉节能监测》规定监测所用仪器仪表应能满足项目测试的要求，仪表应完好，在检定周期以内，准确度不低于（ ）级。

A. 1.0　　B. 1.5　　C. 2.0　　D. 2.5

18. GB/T 3486—1993《评价企业合理用热技术导则》中规定当锅炉的额定容量为＞0.7～2.8 MW时，热效率应≥（ ）。

A. 58　　B. 60　　C. 65　　D. 70

19. GB/T 3486—1993《评价企业合理用热技术导则》中规定当工业锅炉的额定容量为＞0.7～2.8 MW时，其烟煤排渣含碳量＜（ ）。

A. 14%　　B. 16%　　C. 18%　　D. 20%

20. GB/T 3486—1993《评价企业合理用热技术导则》中规定当工业锅炉的额定容量为＞0.7～2.8 MW时，其排烟温度为＜（ ）℃。

A. 250　　B. 220　　C. 200　　D. 180

二、多选题

1. GB/T 3486—1993《评价企业合理用热技术导则》适用于一切用热企业，标准中所涉及的用热设备，包括以下哪几项（　）。

A. 换热设备　　B. 干燥设备
C. 工业燃烧设备　　D. 交通运输的热功转换设备

2. GB/T 3486—1993《评价企业合理用热技术导则》中规定："燃烧设备的主要控制指标，包括根据燃烧设备、使用燃料的种类及不同燃烧方式，规定的（　）等指标。"

A. 空气系数　　B. 排渣含碳量
C. 排烟温度　　D. 外表面温度

3. 保温工程设计的原则主要包括（　）。

A. 保温后的设备管道及附件散热损失应小于国家规定的"允许最大散热值"
B. 在保温材料的物理、化学性能满足工艺要求的前提下，选用导热系数低的保温材料
C. 在保温材料的物理、化学性能满足工艺要求的前提下，选用价格贵的保温材料
D. 保温材料和厚度的选择，应使所花费的成本和保温后的散热损失在整个寿命期内达到最低的费用

4. 固体未完全燃烧的热损失是锅炉主要热损失之一，它的大小与（　）有关。

A. 锅炉结构　　B. 锅炉容量
C. 煤种　　D. 燃烧方式和操作水平

5. 工业上造成炉膛温度偏低的主要因素有以下哪几种？（　）

A. 漏风严重和风量配置不当　　B. 助燃拱的形式
C. 负荷低　　D. 炉膛的水冷系数大

6. 燃煤的燃料特性对燃料燃烧产生很大影响。企业在选择燃煤时，应选择结焦特性为（　）燃料。

A. 弱粘结性　　B. 中等粘结性　　C. 高粘结性　　D. 以上都可以

7. 供风、引风系统的风量调节方法一般有哪几类？（　）

A. 节流调节　　B. 变速调节　　C. 导向器调节　　D. 滑差电机调速

8. 改善传热的措施包括以下哪几项？（　）

A. 对于使用蒸汽等载热物体的设备，准确控制载热体的温度、压力与流量，降低热量的损耗
B. 对于温度稳定、连续工作的加热设备，应控制各点的供热量，以保证被加热物按规定的温度制度加热
C. 改善工业炉内壁表面的性能和形状，以提高其辐射和对流换热能力
D. 改善热设备换热部分的性能和形状，以提高其传热能力

9. 企业为多次利用热量，提高综合热效率，改善换热器的传热，在换热器壳体内通

常采用用（ ）等方式。

A. 多程换热器　　B. 折流挡板

C. 增加多效重复利用罐的级数　　D. 合理延长炉子长度

10. GB/T 3486—1993《评价企业合理用热技术导则》规定对余热的测量与记录的参数包括哪些。（ ）

A. 余热介质的温度与数量　　B. 余能载体的压力与流量

C. 可燃物质的成分与数量　　D. 计量器具的数量

三、判断题

1. 为使企业更好地寻找评价用热设备合理用热的依据，对企业内主要用热设备，应制定热效率或单位产品产量热耗定额行业标准。（ ）

2. 排渣含碳量的高低直接影响固体未完全燃烧的热损失，但不影响燃烧效率。（ ）

3. GB/T 15910—2009《热力输送系统节能监测》中规定外表面温度大于或等于 50 ℃的管段及公称直径大于或等于 80 mm 的阀门、法兰等附件，除工艺生产上不宜或不需要保温的部分外，均应进行保温。（ ）

4. 排烟温度是指锅炉烟气离开尾部受热面后的温度，它表明锅炉排烟余热的程度和尾部受热面的温度工况，是锅炉一个重要的参数和运行指标，它与锅炉和燃料的燃烧及传热有关。（ ）

5. 在热设备负荷变化较频繁而又无法从生产调度获得平衡的情况下，可采用蓄热器，实现热源和用热设备的合理匹配。（ ）

6. GB/T 3486—1993《评价企业合理用热技术导则》中规定："采用合理的燃烧设备和燃烧工矿，选择适当的助燃剂。"合适的煤炭助燃剂具有助燃、节能的作用，但对环境产生污染。（ ）

7. GB/T 15317—2009《燃煤工业锅炉节能监测》中规定：监测所用仪器仪表应能满足项目测试的要求，仪表应完好，精确度只要不低于 2.0 级，可以长期使用。（ ）

8. 根据 GB/T 1028—2000《工业余热术语、分类、等级及余热资源量计算方法》，把余热按温度的水平分为高温余热（高于 500 ℃）、中温余热（高于 300 ℃）、低温余热（低于 150 ℃）。（ ）

9. 由于单位质量的水与其他物质相比，温度升高 1 ℃，所需的热量远远高于其他物质，所以企业一般不用它作传热介质。（ ）

10. 余热回收的方式是多种多样的，但可以分为两大类：热回收和动力回收。（ ）

四、分析题

1. **给定材料：**

在工业锅炉的实际运行过程中，一种观点认为锅炉应长期高负荷运转，达到最大的出力，获得最大的运行效率；另一种观点认为锅炉应长期低负荷运转，这样对锅炉的使用寿

命有好处，你是否同意上述观点？说出理由。

作答要求：

根据“给定材料”，说明你的理解和看法。

要求：准确、完整、观点鲜明，分析透彻。字数不超过150字。

2. **给定材料：**

燃料在燃烧过程中，排渣含碳量的高低影响着锅炉的效率。在对某企业1.4 MW的锅炉（燃烧二类烟煤）进行监测时发现，该锅炉的排渣较黑，取样化验，炉渣含碳量达到25%，严重超过了GB/T 3486—1993《评价企业合理用热技术导则》规定的要求，根据你所掌握的理论知识和生产实践，分析产生上述现象的原因。

作答要求：

根据“给定材料”，结合学到的理论知识和实践经验，分析产生现象的原因。

要求：言简意赅，抓住重点，分析透彻。字数不超过120字。

第五节　热电联产标准

一、单选题

1. 热电联产总热效率指标应年平均大于（　）。

A. 50%　　B. 100%　　C. 45%　　D. 60%

2. 热电联产单机容量50 MW以下的热电机组，其热电比年平均应大于（　）。

A. 50%　　B. 100%　　C. 45%　　D. 60%

3. 热电联产单机容量50～200 MW的热电机组，其热电比年平均应大于（　）。

A. 50%　　B. 100%　　C. 45%　　D. 60%

4. 热电联产单机容量200 MW及以上抽汽凝汽两用供热机组，在采暖期内热电比应大于（　）。

A. 60%　　B. 100%　　C. 45%　　D. 50%

5. 热电联产热力产品通常有两种，一种是蒸汽，另一种是（　）。

A. 高压蒸汽　　B. 中压蒸汽　　C. 低压蒸汽　　D. 热水

6. DL/T 891—2004《热电联产电厂热力产品》规定蒸汽分为（　）。

A. A、B二级　　B. A、B、C三级

C. A、B、C、D四级　　D. A、B、C、D、E五级

7. DL/T 891—2004《热电联产电厂热力产品》规定热水为（　）。

A. A、B二级　　B. A、B、C三级

C. A、B、C、D四级　　D. A、B、C、D、E五级

8. DL/T 891—2004《热电联产电厂热力产品》规定：蒸汽品质按供汽的波动率与间

断划分为高质量蒸汽和（ ）。

A. 高压蒸汽 B. 中压蒸汽 C. 低压蒸汽 D. 普通蒸汽

9. 热电联产机组应按有关标准进行入炉燃料的计量和化验分析，分炉计量，数据记录应（ ）。

A. 准确 B. 准确完整 C. 完整 D. 准确齐全

二、多选题

1. 世界热电联产发展主要趋势为：（ ）；实施热能消费计量；使用清洁燃料；采用分布式能源系统；投资、经营市场化。

A. 比例逐步提高 B. 采用大型供热机组

C. 推广使用洁净煤热电联产技术 D. 全面研究节能技术

2. 世界热电联产发展主要趋势为：比例逐步提高；采用大型供热机组；推广使用洁净煤热电联产技术；全面研究节能技术；（ ）。

A. 实施热能消费计量 B. 使用清洁燃料

C. 采用分布式能源系统 D. 投资、经营市场化

3. DL/T 891—2004《热电联产电厂热力产品》规定，蒸汽的品质指标包括（ ）。

A. 压力 B. 温度（焓值） C. 流量 D. 氧含量

4. 热电联产热力应配置用于交易计量所需要的（ ）等设备，其准确度应按照 GB 17167—2006《用能单位能源计量器具配备和管理通则》要求配置。

A. 压力 B. 温度 C. 流量 D. 热量计量仪表

5. DL/T 891—2004《热电联产电厂热力产品》规定：热水的品质包括（ ）。

A. 供水压力 B. 供水温度 C. 供水流量 D. 回水压力

6. DL/T 891—2004《热电联产电厂热力产品》规定：蒸汽品质按供蒸汽参数划分为（ ）。

A. 饱和蒸汽 B. 高压蒸汽 C. 中压蒸汽 D. 低压蒸汽

7. DL/T 891—2004《热电联产电厂热力产品》规定：蒸汽品质按供蒸汽焓值划分为（ ）。

A. 高能蒸汽 B. 工业蒸汽 C. 中压蒸汽 D. 一般蒸汽

8. DL/T 891—2004《热电联产电厂热力产品》规定：热水品质按供水温度划分为（ ）。

A. 高温热水 B. 中温热水 C. 低温热水 D. 普通热水

9. 主要热电联产汽轮机组类别有（ ）和低真空循环水供热机组。

A. 背压式汽轮机 B. 抽汽凝汽式汽轮机

C. 凝汽-抽汽两用型汽轮机 D. 燃气-蒸汽联合循环供热机组

三、判断题

1. 一次能源通过燃烧既能够生产电能或机械能，又可以回收废热用于供热的联合生

产过程称为热电联产。（　）

2. 为保证产品交易的公平、公正，供需双方认可的热力产品交接点为计量点。（　）

3. 热电联产总热效率年平均应大于50%。（　）

4. 燃气-蒸汽联合循环供热机组的优点是供电效率高；投资费用低、建设周期短、自动化程度高、环境污染小。（　）

5. 低真空循环水供热机组是一种人为降低凝汽式汽轮机组的真空，降低循环水出水口温度，实现对城市居民采暖供热的机组。（　）

6. 热电联产机组应对厂用电量与供电量、自用汽量与供汽量进行明确区分，应分机组进行新蒸汽、外供蒸汽和供电量的计量。（　）

7. 分布式能源系统就是一种建在用户端的能源供应方式，既可独立运行，也可并网运行，无论规模大小，使用天然气（或太阳能、地热能等）的冷热电联产系统，达到制冷、取暖、发电的目的。该系统的优点是：投资小、见效快、不用长距离传输、几乎没有输能损耗，能源利用率可达到80%～90%，而且还可以参与电力调峰。（　）

四、计算题

1. 某热电企业全年运行一炉一机，炉为170 t/h蒸汽锅炉，机为12 MW抽凝机组，某年主要运行数据如下：锅炉耗煤量196 914 t，煤的加权平均低位热值为21.02 MJ/kg，锅炉产汽压力平均绝对值为8.7 MPa，温度平均值为530 ℃，焓值为3 464 kJ/kg，产汽量1 385 930 t，蒸汽一部分进汽轮机，另一部分进减温减压器，进汽轮机、进减温减压器的蒸汽压力平均绝对值和温度平均值于锅炉产汽一样，进汽轮机蒸汽量为1 182 474 t，机组外供汽压力平均绝对值1.1 MPa，温度平均值为284 ℃，焓值为3 015 kJ/kg，供汽量为160 928.8 t，机组发电量为23 871万kW·h，外供电量为20 454万kW·h。请问该企业机组的运行方式是不是热电联产机组？

2. 某热电企业全年运行一炉一机，炉为75 t/h蒸汽锅炉，机为6 MW抽凝机组，某年主要运行数据如下：锅炉耗煤量79 937.9 t，煤的加权平均低位热值为22.76 MJ/kg，锅炉产汽压力平均绝对值为3.7 MPa，温度平均值为448 ℃，焓值为3 331 kJ/kg，产汽量524 300 t；进汽轮机蒸汽压力平均绝对值为3.65 MPa，温度平均值为445 ℃，焓值为3 325 kJ/kg，汽量为524 300 t；机组外供汽压力平均绝对值0.82 MPa，温度平均值为300 ℃，焓值为3 057 kJ/kg，供汽量为81 572.6 t；企业用发电余热供暖，出水压力平均绝对值为0.7 MPa，温度平均值为62 ℃，焓值为260 kJ/kg，回水压力平均绝对值为0.36 MPa，温度平均值为47 ℃，焓值为197 kJ/kg，循环量5 464 800 t；机组发电量为8 333.5万kW·h，外供电量为7 277.8万kW·h。请问该企业机组的运行方式是不是热电联产机组，是否达到热电联产经济运行的三级要求？

五、分析题

给定材料：

热电联产机组经济运行是指在满足安全生产保护环境和运行可靠的前提下，通过科学管理、技术改造、提高操作及运行水平，使热电联产机组及相关设备达到高效率的工作状态。热电联产机组经济运行对计量、计量参数、计量仪表的准确度、入炉燃料化验分析依据的标准及燃料收到基低位发热量等作了基本要求。

作答要求：

根据“给定材料”，按DB37/T 815—2007《热电联产机组经济运行》规定，对基本要求进行归纳。

要求：符合标准要求，简明扼要，字数不超过150字。

第六节 合理用电标准

一、单选题

1. GB/T 3485—1998《评价企业合理用电技术导则》规定：企业应根据用电性质、用电容量，选择合理供电电压和（ ）。

A. 供电电流　　B. 供电方式　　C. 供电导线　　D. 供电变压器

2. GB/T 3485—1998《评价企业合理用电技术导则》规定：企业变配电所的位置应当满足下列条件，其中错误的是（ ）。

A. 接近负荷中心　　B. 减少变压级数

C. 缩短供电半径　　D. 接近上一级变电所

3. GB/T 3485—1998《评价企业合理用电技术导则》规定：调整企业用电设备的工作状态，合理分配与平衡负荷，使企业用电均衡化，提高企业负荷率。根据不同的用电情况，企业日负荷率应不低于以下标准：a）连续性生产（ ）；b）三班制生产85%；c）二班制生产60%；d）一班制生产30%。

A. 85%　　B. 90%　　C. 95%　　D. 100%

4. 企业受电端电压在额定电压允许偏差范围内，企业用电设备的供电电压偏移值不应超过额定电压（ ）。

A. ±3%　　B. ±4%　　C. ±5%　　D. ±6%

5. 企业单相用电设备应均匀地接在三相网络上，降低三相电压不平衡度，供电网络的电压不平衡度应小于（ ）。

A. 1%　　B. 2%　　C. 3%　　D. 4%

6. GB/T 3485—1998《评价企业合理用电技术导则》规定：企业在提高自然功率因数的基础上，应在负荷侧合理装置集中与就地无功补偿设备，在企业最大负荷时的功率因数应不低于（ ）；低负荷时，应调整无功补偿设备的容量，不得过补偿。

A. 0.85　　B. 0.90　　C. 0.95　　D. 0.98

7. 企业应根据用电负荷的特性和变化规律，正确选择和配置变压器容量和（ ），通

过运行方式的择优，合理调整负荷，实现变压器经济运行。

A. 台数　B. 电压　C. 电流　D. 阻抗

8. 企业变配电所内的变配电设备的变配电设备要配置相应的测量和计量仪表。其中电能计量仪表准确度等级为（　）级。

A. 1.0～0.5　B. 3.0～1.0　C. 3.0～2.0　D. 2.0～1.0

9. GB/T 3485—1998《评价企业合理用电技术导则》规定：功率在（　）及以上，宜采用高压电动机。

A. 200 kW　B. 250 kW　C. 110 kW　D. 220 kW

10. GB/T 3485—1998《评价企业合理用电技术导则》规定：恒负载连续运行，功率在（　）及以上，宜采用同步电动机。

A. 200 kW　B. 250 kW　C. 110 kW　D. 220 kW

11. 在安全、经济合理的条件下，对异步电动机采取就地补偿无功功率，（　）、降低线损，达到经济运行。

A. 提高电压　B. 提高电流　C. 提高功率因数　D. 提高阻抗

12. 电弧炉、感应炉等电加热设备效率不低于（　）。

A. 50%　B. 55%　C. 60%　D. 65%

13. 电解槽、电镀槽应与生产工艺和生产能力相匹配，（　）。

A. 电压符合要求　B. 电流符合要求　C. 合理选型　D. 型号适合

14. 在额定负荷下电力整流设备至电解、电镀槽的母线电压降应小于下列指标：电解生产 1.5 V；电镀生产（　）。

A. 4.0 V　B. 3.0 V　C. 2.0 V　D. 1.0 V

15. 电流效率及平均槽电压每天至少测算（　），及时分析设备运行状况。

A. 二次　B. 一次　C. 三次　D. 四次

16. 每个电解槽的泄漏电流应小于槽组电流的（　）。

A. 0.1%～0.2%　B. 0.2%～0.2%　C. 0.3%～0.4%　D. 0.2%～0.4%

17. 使用气体放电光源时，应装设就地补偿电容器时，补偿后的功率因数应不低于（　）。

A. 0.80　B. 0.85　C. 0.90　D. 0.95

二、多选题

1. 企业根据受电端至用电设备的变压级数，其总线损率一级、二级、三级分别不超过（　）。

A. 3.5%　B. 5.5%　C. 7%　D. 10%

2. GB/T 3485—1998《评价企业合理用电技术导则》规定：企业变配电所内的变配电设备要配置相应的测量和计量仪表。监测并记录（　）、有功电量和无功电量。

A. 电压　B. 电流　C. 功率　D. 功率因数

3. 异步电动机当采取调压节电措施时，需经综合功率损耗与节约功率计算及（ ）的校验后，在满足机械负载要求的条件下，使调压的电动机工作在经济运行范围内。

A. 电压　　B. 功率因数　　C. 起动转矩　　D. 过载能力

4. 调速运行方式的选择，应根据系统的特点和条件，通过（ ）运行维护等方面综合经济分析比较后确定。

A. 计算　　B. 安全　　C. 技术　　D. 经济

5. 对容量在 50 kW 及以上的电加热设备，要配置电压、（ ）（不包括电阻炉及电熔槽）。

A. 功率因数　　B. 电流　　C. 有功电能表　　D. 无功电能表

6. 采用先进的电热元件，改善电炉炉壁的性能和形状，在技术和工艺条件允许的电炉中，应采用（ ）的耐火材料和保温材料。

A. 热容小　　B. 热导率低　　C. 比热容小　　D. 热传导低

7. 凡生产过程中利用电能进行化学分解以获取所需产品（或半成品）的工艺过程，在合理电流密度下，应严格控制与电能消耗有关的主要技术经济指标是（ ）。

A. 电流效率　　B. 功率因数　　C. 平均槽电压　　D. 单位产品电耗

8. GB/T 3485—1998《评价企业合理用电技术导则》规定：企业应采用高效电力整流设备，并根据负荷变化情况，对电力整流设备运行效率进行测定。电力整流设备在额定负荷状态时的转换效率应不低于以下指标：（ ）。

A. 直流额定电压在 100 V 以上 95%　　B. 直流额定电压在 100 V 及以下 80%

C. 直流额定电压在 100 V 及以下 90%　　D. 直流额定电压在 100 V 及以上 98%

9. 企业照明用电应配置相应的测量和计量仪表，并定期测量（ ）和考核用电量。

A. 电压　　B. 电流　　C. 照度　　D. 功率因数

三、判断题

1. GB/T 3485—1998《评价企业合理用电技术导则》的目的是引导企业充分合理使用电能，提高电能利用效率。（ ）

2. 调整企业用电设备的工作状态，合理分配与平衡负荷，使企业用电均衡化，提高企业负荷率。（ ）

3. 企业自备电厂和地方电厂不考核厂用电率指标。（ ）

4. 电动机功率选择，应根据负载特性和运行要求合理选择，使电动机工作在经济运行范围内。（ ）

5. 对机械负载经常变化的电气传动系统，不宜采用调速运行的方式加以调节。（ ）

6. 功率在 50 kW 及以上的电动机，应单独配置电压表、电流表、有功电能表等计量仪表，以便监测与计量电动机运行中的有关参数。（ ）

7. 根据使用场所和周围环境对照明的要求及不同电光源的特点，选择合理的照明方式。（ ）

四、分析题

给定材料：

电动机功率选小了则电动机处于“小马拉大车”的工作状态，不仅不能保证生产机械的正常工作，使生产效率降低，而且使电动机各部分因过载发热，温度上升超过允许的限值，则很容易导致绝缘击穿烧毁电机，引起停产和安全事故；选大了，则电动机处于“大马拉小车”的工作状态，不仅增加设备投资，而且使电动机的效率降低，增加系统的无功负荷，降低功率因数。

作答要求：

根据“给定材料”，按 GB/T 3485—1998《评价企业合理用电技术导则》规定，如何选择电动机功率。

要求：符合标准要求，简明扼要，字数不超过 100 字。

第六章 节能政策

第一节 节能政策概述

一、单选题

1. 按照影响的范围，节能政策可以分为（　）。

A. 国家政策和地方性政策　　B. 激励性政策和约束性政策

C. 综合指导性和单项指导性政策　　D. 复杂性政策和单一性政策

2. 按照政策的作用，分为（　）。

A. 中央政策和地方性政策　　B. 长期政策和阶段政策

C. 综合指导性政策和单项指导性政策　　D. 激励性政策和约束性政策

二、多选题

下列属于节能政策的作用的是（　）。

A. 指导性　　B. 调节性　　C. 激励性

D. 约束性　　E. 监督性

三、判断题

1. 节能政策属于公共政策的范畴。（　）

2. 节能政策往往以红头文件的形式公布。（　）

第二节 国家节能政策

一、单选题

1. 2012年8月6日，国务院印发了《节能减排“十二五”规划》（国发〔2012〕40号），明确了“十二五”时期节能减排工作主要目标为：到2015年，全国万元国内生产总值能耗下降到（　）吨标准煤（按2005年价格计算），比2010年下降（　）。

A. 0.785　15%　　B. 0.325　13%　　C. 0.869　16%　　D. 1.028　17%

2. 2006年9月17日，国务院办公厅转发了《国家发展改革委关于完善差别电价政策的意见》的通知（国办发〔2006〕77号）。决定自2006年10月1日起，对电解铝、铁合金、电石、烧碱、水泥、钢铁、（　）、锌冶炼8个高耗能行业实行差别电价政策。

A. 建材　　B. 黄磷　　C. 造纸　　D. 铜冶炼

3. 2007年6月1日，国务院办公厅印发了《关于严格执行公共建筑空调温度控制标准的通知》（国办发〔2007〕42号）（以下简称《通知》）。《通知》要求：“所有公共建筑内的单位，包括国家机关、社会团体、企事业组织和个体工商户，除医院等特殊单位以及在生产工艺上对温度有特定要求并经批准的用户之外，夏季室内空调温度设置不得低于（ ）摄氏度，冬季室内空调温度设置不得高于（ ）摄氏度。

A. 26 24　　B. 23 20　　C. 20 26　　D. 26 20

4.《节能减排"十二五"规划》确定，到2015年，非化石能源消费总量占一次能源消费比重达到（ ）。

A. 12.5%　　B. 11.4%　　C. 15%　　D. 10%

5.2006年7月25日，国家发展改革委会等部门联合印发了《关于印发"十一五"十大重点节能工程实施意见的通知》（发改环资〔2006〕1457号）。十大节能工程包括：燃煤工业锅炉（窑炉）改造工程；区域热电联产工程；余热余压利用工程；（ ）；电机系统节能工程；能量系统优化工程；建筑节能工程；绿色照明工程；政府机构节能工程；节能监测和技术服务体系建设工程。

A. 节约和替代煤炭工程　　B. 能源管理体系工程

C. 节约和替代石油工程　　D. 节能监管能力建设工程

6. 为加快推进工业化和信息化融合，提高工业企业能源管理水平和能源利用效率，推动工业企业节能减排，2009年10月14日，财政部、工业和信息化部联合下发文件，决定在工业领域开展（ ）示范工作，中央财政安排资金对示范项目给予适当支持。

A. 节能监管能力建设　　B. 节能减排工程

C. 能源管理中心建设　　D. 节能减排技术专项

7.2007年12月28日，财政部、国家发展改革委联合印发了《关于印发高效照明产品推广财政补贴资金管理暂行办法的通知》（财建〔2007〕1027号）。规定大宗用户每只高效照明产品，中央财政按中标协议供货价格的（ ）给予补贴；城乡居民用户每只高效照明产品，中央财政按中标协议供货价格的（ ）给予补贴。

A. 30% 50%　　B. 30% 45%　　C. 20% 50%　　D. 30% 40%

8.2012年3月21日，发展改革委、财政部联合印发《关于推进园区循环化改造的意见》（发改环资〔2012〕765号），确定到2015年，（ ）以上的国家级园区和（ ）以上的省级园区实施循环化改造。

A. 50% 30%　　B. 30% 50%　　C. 20% 30%　　D. 40% 50%

9.2012年7月3日，财政部、发展改革委联合印发《电力需求侧管理城市综合试点工作中央财政奖励资金管理暂行办法》规定，对通过实施能效电厂和移峰填谷技术等实现的永久性节约电力负荷和转移高峰电力负荷，东部地区每千瓦奖励（ ）元，中西部地区每千瓦奖励（ ）元。

A. 400 500　　B. 300 400　　C. 440 550　　D. 300 450

10. 财政部、发展改革委联合印发《合同能源管理项目财政奖励资金管理暂行办法》（财建〔2010〕249号），提出财政对合同能源管理项目按年节能量和规定标准给予一次性奖励。其中：中央财政奖励标准为（ ）标准煤，省级财政奖励标准不低于60元/吨标准煤。有条件的地方，可视情况适当提高奖励标准。

A. 240 元/吨　　B. 230 元/吨　　C. 220 元/吨　　D. 200 元/吨

二、多选题

1. 下列属于国家明确的小火电机组关停范围的是（ ）

A. 单机容量 5 万千瓦以下的常规火电机组

B. 运行满二十年、单机 10 万千瓦级以下的常规火电机组

C. 按照设计寿命服役期满、单机 20 万千瓦以下的各类机组

D. 供电标准煤耗高出 2005 年本省（区、市）平均水平 15%的各类燃煤机组

2. 2008 年 6 月 6 日，国家发展改革委印发了《关于印发重点用能单位能源利用状况报告制度实施方案的通知》（发改环资〔2008〕1390 号）（以下简称《实施方案》）。根据《实施方案》要求，下列属于重点用能单位应填报的表格有：（ ）

A. 能源消费结构表　　B. 能源实物平衡表

C. 节能目标责任评价考核表　　D. 与上年相比节能项目变更情况表

三、判断题

1. 国务院每年组织开展省级人民政府节能减排目标责任评价考核，考核结果向社会公告。（ ）

2. 对违规在建的高耗能、高排放项目，有关部门要责令停止建设，金融机构一律不得发放贷款。（ ）

3. 《节能减排"十二五"规划》规定，严格落实《产业结构调整指导目录（2011 年本）》和《部分工业行业淘汰落后生产工艺装备和产品指导目录（2010 年本）》，重点淘汰小火电 2 000 万千瓦、炼铁产能 4 800 万吨、炼钢产能 4 800 万吨、水泥产能 3.7 亿吨、焦炭产能 4 200 万吨、造纸产能 1 500 万吨等。（ ）

4. 《节能量确定和监测方法》规定，项目节能量等于项目范围内各产品（工序）实现的节能量之和扣除能耗泄漏。（ ）

5. 《"十二五"节能环保产业发展规划》提出，到 2015 年，力争专业化节能服务公司发展到 2 000 多家，其中年产值超过 10 亿元的节能服务公司约 20 家，节能服务业总产值突破 5 000 亿元，累计实现节能能力 5 000 万吨标准煤。（ ）

第三节 山东省节能政策

一、单选题

1. 2011 年 10 月 17 日，山东省人民政府办公厅印发了《山东省节约能源"十二五"规划》（鲁政办发〔2011〕55 号）。确定到 2015 年，万元 GDP 能耗降低到 0.85 吨标准煤，比 2010 年的 1.02 吨标准煤降低（ ），比 2005 年的 1.32 吨标准煤降低 35%以上。"

A. 16%　　B. 17%　　C. 18%　　D. 20%

2. “十二五”期间，山东省将按照国家有关部署，积极推进重点企业能源管理师制度创新试点工作，到 2015 年，至少培养（　）名能源管理师。

A. 2 000　　B. 5 000　　C. 10 000　　D. 15 000

3. 2009 年 12 月 14 日，原山东省经贸委、山东省质监局、山东省政府节能办联合印发《关于印发山东省企业能源管理体系建设指导意见》（鲁经贸资字〔2009〕523 号），确定山东省企业能源管理体系建设的总体目标是：“2010 年，培训一批能源管理体系咨询人员，在 30 户以上企业建立完善的能源管理体系。‘十二五’期间，每年有不少于（　）户企业建立能源管理体系。”

A. 50　　B. 100　　C. 150　　D. 200

4. 2007 年 10 月 17 日，山东省财政厅、原山东省经贸委联合印发《山东省太阳能集热系统财政补贴资金使用管理暂行办法》（鲁财建〔2007〕55 号），规定太阳能集热系统财政补贴资金按照新建太阳能集热系统总投资的（　）给予补贴，每个项目补贴资金最多不超过（　）万元。

A. 25%　150　　B. 30%　100　　C. 30%　150　　D. 20%　120

5. 2010 年 5 月 12 日，山东省经信委、山东省人民政府节能办联合下发了《关于对全省重点用能单位执行能耗限额标准情况进行专项检查的通知》（鲁经信节监字〔2010〕214 号）（以下简称《通知》），组织对全省重点用能单位执行能耗限额标准情况进行专项检查。根据《通知》要求，这次专项检查的范围是：电力、钢铁、（　）、石油石化、化工、建材等高耗能行业和年综合能耗在 5 000 吨标准煤及以上的重点用能单位。

A. 造纸　　B. 纺织　　C. 有色金属　　D. 焦炭

6. 根据《山东省重大节能技术产业化奖励资金使用管理暂行办法》规定，节能核心技术奖励：节能技术达到省级先进水平，奖励 50～100 万元；达到国内先进水平的，奖励（　）万元。

A. 100～150　　B. 100～200　　C. 100～250　　D. 100～300

7. 《山东省能源审计暂行办法》规定：“省、市经贸委考核的重点用能单位，应当按照本办法规定进行能源审计。重点用能单位至少每（　）年进行一次能源审计。”

A. 三　　B. 四　　C. 五　　D. 六

二、多选题

1. 2008 年 4 月 23 日，山东省人民政府印发了《批转节能减排统计监测及考核实施方案和办法的通知》（鲁政发〔2008〕55 号）（以下简称《通知》）。其中，“三个方案”包括（　）

A. 《山东省单位 GDP 能耗统计指标体系实施方案》

B. 《山东省节能目标责任考核体系实施方案》

C. 《山东省单位 GDP 能耗监测体系实施方案》

D.《关于进一步加强节油节电工作的实施方案》

2. 2009年12月15日，山东省人民政府印发了《关于促进新能源产业加快发展的若干政策的通知》(鲁政发〔2009〕140号)。决定对新能源创新能力建设的资金支持实行以奖代补，下列属于这一政策规定内容的是（ ）

A. 对于研发能力强、成果储备多的省级以上新能源技术创新平台按照100万元～200万元给予奖励

B. 对填补国内技术空白、迅速实现产业化的新能源创新技术给予100万元～200万元资金奖励

C. 对列入国家和省级新能源产业关键技术领域的重大科技项目给予50万元～100万元的奖励

D. 对列入国家新能源领域重大科技攻关项目给予一定资金奖励

3. 2007年3月19日，原山东省经贸委、山东省科技厅、山东省政府节能办联合印发了《关于组织实施三个“节能100项”(第一批)的通知》(鲁经贸〔2007〕91号)。三个“节能一百项”具体是指（ ）

A. 100项重大节能技术　　B. 100项重大节能装备

C. 100项重大节能示范项目　　D. 100项重大节能工程

4. 2006年11月15日，原山东省经贸委印发了《关于印发山东省能源审计暂行办法的通知》(鲁经贸资字〔2006〕361号)。根据《山东省能源审计暂行办法》，下列属于能源审计的内容的是（ ）。

A. 用能单位的能源管理状况

B. 产品综合能源消耗和产值能耗指标计算分析

C. 节能量计算

D. 节能技改项目的财务和经济分析

5. 2007年6月25日，山东省人民政府办公厅印发了《关于切实做好固定资产投资项目节能评估审查工作的通知》(鲁政办发〔2007〕42号)(以下简称《通知》)。《通知》要求：“钢铁、电解铝、铜冶炼、铁合金、（ ）、电力等行业的新、改、扩建项目和年综合能耗2 000吨标准煤以上的项目，必须进行节能评估审查。

A. 电石　　B. 焦炭　　C. 水泥　　D. 煤炭

6. 根据《山东省节能节水专项资金使用管理暂行办法》规定，下列属于资金支持重点的是（ ）。

A. 工业锅炉、窑炉改造项目　　B. 余热余压利用项目

C. 绿色照明项目　　D. 节约、替代石油项目

三、判断题

1. 在山东省境内实施钢铁、铝冶炼、铜冶炼、铁合金、电石、焦炭、水泥、煤炭、电力、烧碱、玻璃等行业技术改造项目，年新增能耗超过2 000吨标准煤的，必须在项目

所在市（设区市，下同）区域内淘汰同等能耗量的落后生产能力。（　）

2. 自2008年1月1日起，加价标准淘汰类企业提高到每千瓦时0.20元，限制类企业提高到每千瓦时0.05元。（　）

3. 到2015年，山东省非化石能源消费占一次能源消费的比重达到5.5%。（　）

4.《山东省节约能源"十二五"规划》提出，围绕钢铁等十大行业，支持燃煤锅炉（窑炉）节能改造等十类节能技术产业化和技术改造项目，组织实施1 000个节能项目，提高传统行业能源利用效率。到2015年，通过实施节能科技提效工程，累计节能2 500万吨标准煤。（　）

第七章 节能行政执法

第一节 节能行政执法概述

一、单选题

1. 下列说法错误的是（ ）。

A. 节能行政执法必须按照法定程序进行

B. 程序法与实体法同等重要

C. 节能行政执法行为经有效确定后可随意更改

D. 节能行政执法行为一经作出，节能行政相对人必须执行

2. 下列说法错误的是（ ）。

A. 除涉及国家秘密和依法受到保护的商业秘密、个人隐私外，应当公开进行

B. 在调查或者进行检查时，执法人员不得少于两人

C. 履行职责的节能行政执法人员应遵循回避原则

D. 节能行政执法的根据只有节能法律和节能法规

二、多选题

下列说法正确的有（ ）。

A. 节能执法行为只能由节能行政执法主体及其节能行政执法人员行使

B. 节能行政执法行为一经作出，节能行政相对人必须执行。如有不服，可申请复议或提起诉讼

C. 节能行政执法和其他行政执法一样，必须按照法定程序进行

D. 节能行政执法行为具有约束力和强制力

三、判断题

规范性文件虽然不属于行政立法，但只要它不作出行政处罚，不与法律、法规、规章相抵触，同样具有约束力。 （ ）

第二节 节能行政执法主体

一、单选题

下列说法错误的是（ ）。

A. 节能行政执法主体以自己的名义实施行政执法活动

B. 受委托的组织可以对外以自己的名义实施执法活动

C. 节能行政执法主体是能够承担其行为所产生法律后果的组织

D. 节约能源法规授权的组织属于节能行政执法主体

二、多选题

节能行政执法主体的类型有（ ）。

A. 管理节能工作的部门及有关部门

B. 节约能源法规授权的组织

C. 受委托的组织

D. 管理节能工作部门的内设机构

三、判断题

受委托的组织能以自己的名义承担法律责任。 （ ）

四、分析题

给定材料：

(1) 节能行政执法主体是指享有国家节能行政执法权，能够以自己的名义从事节能行政执法活动，并能承担由此产生的法律后果的机关或组织。其主要有三个特征：一是由节能法律法规授权，并依据节能法律法规实施节能行政活动；二是能以自己的名义实施行政执法活动；三是能够承担其行为产生的法律后果。

(2)《山东省节约能源条例》第七条第二款规定：省、设区的市节能监察机构依照本条例规定具体实施日常的节能监察工作。

(3) 节能行政执法主体的类型：一是管理节能工作的部门及有关部门；二是节能法律法规授权的组织。

作答要求：

根据“给定材料”，分析山东省设区的市节能监察机构是否属于节能行政执法主体。

要求：准确、完整、观点鲜明，字数不超过 200 字。

第三节 节能行政执法内容

一、多选题

固定资产投资项目节能评估审查制度监察过程中，用能单位应当配合节能执法人员提供（ ）。

A. 固定资产投资项目汇总表

B. 项目可研报告

C. 节能评估报告

D. 节能主管部门的节能审查意见

二、判断题

用能单位执行节能管理制度的情况属于节能行政执法的内容。 （ ）

第四节 节能行政处罚

一、单选题

1. 下列不属于申请听证的条件的是（ ）。

A. 责令停产停业　　B. 吊销许可证、执照

C. 较大数额罚款　　D. 责令停止建设

2. 下列说法错误的是（ ）。

A. 节能行政执法人员依法调查取证，节能行政相对人不得阻挠，并应协助调查或者检查

B. 对行政处罚决定不服申请行政复议或者提起行政诉讼的，节能行政处罚不停止执行，法律另有规定的除外

C. 节能行政处罚决定依法作出后，节能行政相对人应当在节能行政处罚决定的期限内，予以履行

D. 同时具有责令停产停业、吊销许可证、执照、较大数额罚款情形时，节能行政执法主体才能告知节能行政相对人申请听证的权利

二、多选题

节能行政处罚的原则是（ ）。

A. 处罚法定原则　　B. 公正、公开原则

C. 处罚与教育相结合的原则　　D. 行政救济原则

三、判断题

1. 具有责令停产停业、吊销许可证、执照、较大数额罚款情形之一时，节能行政执法主体应当告知节能行政相对人申请听证的权利。（ ）

2. 节能监察机构实施节能监察时，应当有三名以上节能监察人员共同进行，出示有效的行政执法证件，并将实施节能监察的内容、方式和具体要求告知被监察单位。（ ）

四、分析题

给定材料：

（1）《中华人民共和国行政处罚法》第六条规定：公民、法人或者其他组织对行政机关所给予的行政处罚，享有陈述权、申辩权；对行政处罚不服的，有权依法申请行政复议或者提起行政诉讼。公民、法人或者其他组织因行政机关违法给予行政处罚受到损害的，有权依法提出赔偿要求。

（2）第三十一条规定：行政机关在作出行政处罚决定之前，应当告知当事人作出行政处罚决定的事实、理由及依据，并告知当事人依法享有的权利。第三十二条规定：当事人

有权进行陈述和申辩。行政机关必须充分听取当事人的意见，对当事人提出的事实、理由和证据，应当进行复核；当事人提出的事实、理由或者证据成立的，行政机关应当采纳。行政机关不得因当事人申辩而加重处罚。

（3）第四十二条规定：行政机关作出责令停产停业、吊销许可证或者执照、较大数额罚款等行政处罚决定之前，应当告知当事人有要求举行听证的权利；当事人要求听证的，行政机关应当组织听证。当事人不承担行政机关组织听证的费用。

作答要求：

根据“给定材料”，分析在节能行政处罚决定做出时，有哪些手段能够保护行政相对人的合法利益。

要求：准确、完整、观点鲜明，字数不超过300字。

五、案例题

2009年7月，山东省某设区的市节能监察机构对行政区域内用能单位执行国家明令淘汰用能设备制度情况进行节能监察，发现某企业正在生产型号为S7－30/6的变压器。节能监察人员张某对该企业王某进行调查询问，并制作调查笔录。2009年8月，某市节能监察机构依据《中华人民共和国节约能源法》规定，以自己名义向该公司下达了《节能行政处罚决定书》，该企业收到处罚决定书后15日内缴纳了罚款，并将设备上缴。结合所学知识，找出节能监察机构的做法有哪些错误？

第五节　法律救济途径

一、单选题

1. 下列说法错误的是（　）。

A. 对复议决定仍不服的，可向当地人民法院提起行政诉讼

B. 拟被处罚单位应在收到节能行政处罚听证告知书后3日内提出听证申请

C. 节能行政执法主体可不听取拟被处罚的节能行政相对人的意见

D. 各类执法文书必须经节能行政相对人签字认可

2. 行政赔偿请求人请求国家赔偿的时效为（　）。

A. 两年　　B. 三年　　C. 一年　　D. 两年半

3. 下列情况不可以申请行政复议的是（　）。

A. 对行政机关作出的警告、罚款等行政处罚决定不服的

B. 对行政机关作出的查封、扣押等行政强制措施决定不服的

C. 认为行政机关侵犯合法的经营自主权的

D. 行政处分或其他人事处理决定不服的

4. 节能行政赔偿的义务机关是（　）。

A. 作出具体行政行为并依法承担赔偿责任的机关、组织

B. 作出具体行政行为的国际工作人员

C. 作出具体行政行为的机关的具体部门

D. 作出具体行政行为的机关上级机关

5. 申请节能行政复议的期限是（ ）。

A. 自知道该具体节能行政行为之日起2年内提出

B. 自权利被侵害之日起60日内提出

C. 自知道该具体节能行政行为之日起60日内提出

D. 自权利被侵害之日起2年内提出

二、多选题

1. 关于行政复议管辖的说法正确的有（ ）。

A. 对县级以上地方各级人民政府工作部门的具体行政行为不服的，由申请人选择，可以向该部门的本级人民政府申请行政复议，也可以向上一级主管部门申请行政复议

B. 对法律、法规授权的组织的具体行政行为不服的，分别向直接管理该组织的地方人民政府、地方人民政府工作部门或者国务院部门申请行政复议

C. 对被撤销的行政机关在撤销前所作出的具体行政行为不服的，向继续行使其职权的行政机关的上一级行政机关申请行政复议

D. 对法律、法规授权的组织的具体行政行为不服的，向上一级人民政府申请行政复议

2. 节能行政执法主体在行使节能行政职权时有下列（ ）情形的，受害人有取得赔偿的权利。

A. 违法实施罚款

B. 违法对财产采取查封行政强制措施

C. 违法没收财物

D. 违法征用财产

三、判断题

1. 按照《行政复议法》规定，对被撤销的行政机关在撤销前作出的具体行政行为不服的，向继续行使其职权的行政机关申请行政复议。（ ）

2. 对县级以上地方各级人民政府工作部门的具体行政行为不服的，只能向该部门的本级人民政府申请行政复议。（ ）

参 考 答 案

第一章 法规与政策基础知识

第一节 法规与政策的概念和效力

一、单选题

1. A 2. A 3. A 4. A 5. D

二、多选题

1. ABCD 2. AB

三、判断题

1. × 2. √ 3. √ 4. √ 5. √

四、分析题

答：(1) 应当适用《中华人民共和国节约能源法》的规定。

(2) 因为《中华人民共和国节约能源法》属于法律，《山东省节约能源条例》属于地方性法规，《中华人民共和国立法法》规定“法律的效力高于行政法规、地方性法规、规章。”因此《中华人民共和国节约能源法》效力高于《山东省节约能源条例》。

(3) 虽然《中华人民共和国节约能源法》的修订时间早于《山东省节约能源条例》，但是由于二者不是由同一机关制定或修订的，因此，不能适用《中华人民共和国立法法》“新的规定与旧的规定不一致的，适用新的规定”的原则。

第二节 法规和政策的特点和区别

一、单选题

1. D 2. D 3. C

二、多选题

1. ABD 2. ABCD 3. ABCDE

三、判断题

1. × 2. √

四、分析题

答：(1) 法是以对权利义务的双向规定为调整机制的社会规范。

(2) 法具有国家意志性。

(3) 法具有国家强制性。

(4) 法具有普遍适用性。

第三节 权 利 与 义 务

一、单选题

1. D 2. D

二、多选题

1. ABC 2. ABC

三、判断题

1. √ 2. ×

第二章 节 能 法 律

第一节 《节约能源法》概述

单选题

1. D 2. D

第二节 节能的基本制度

一、单选题

1. D 2. B 3. A 4. C 5. D 6. A 7. B 8. D

二、多选题

1. ABC 2. ABD

三、判断题

1. × 2. √

四、分析题

答：(1) 鼓励发展发展面向生产的服务业和高技术产业，促进现代制造业与服务业、高技术产业有机融合。

(2) 鼓励发展面向民生的服务业。

(3) 禁止新建不符合节能、环保标准的项目。

(4) 加快淘汰落后生产能力。

(5) 发展为节约能源资源、发展循环经济、保护生态环境提供物质基础和技术保障的产业。

(6) 鼓励支持开发利用风能、太阳能、生物质能、地热能、海洋能等。

第三节 节 能 管 理 制 度

一、单选题

1. D 2. A 3. B 4. B 5. A 6. A 7. D 8. B 9. B 10. D 11. A 12. D 13. C 14. B 15. B 16. D 17. C 18. D 19. C 20. D 21. D 22. D 23. B

二、多选题

1. ABD　2. ABC　3. BCD　4. ABCD　5. ACD　6. ABD　7. ABCD　8. ABCD

三、判断题

1. √　2. √　3. √　4. ×　5. √　6. √　7. √　8. √　9. √　10. √　11. √　12. ×　13. ×　14. √　15. √　16. √

四、案例题

1. 答：不同意。因为：

（1）根据国家发展改革委《产业结构调整指导目录》（2005年本）（国家发展改革委2005年第40号令），型号为S7－30/10～S7－1600/10的变压器属于国家明令淘汰型变压器。

（2）《中华人民共和国节约能源法》第十七条规定："禁止生产、进口、销售国家明令淘汰或者不符合强制性能源效率标准的用能产品、设备；禁止使用国家明令淘汰的用能设备、生产工艺。"第七十一条规定："使用国家明令淘汰的用能设备或者生产工艺的，由管理节能工作的部门责令停止使用，没收国家明令淘汰的用能设备；情节严重的，可以由管理节能工作的部门提出意见，报请本级人民政府按照国务院规定的权限责令停业整顿或者关闭。"

（3）虽然《中华人民共和国行政处罚法》第二十三条规定："行政机关实施行政处罚时，应当责令当事人改正或者限期改正违法行为。"但是根据《中华人民共和国立法法》和相关法理，《中华人民共和国节约能源法》与《中华人民共和国行政处罚法》相比，属于特别法律且施行时间晚，所以按照特别法优于一般法、后法优于前法的规则，在对行政处罚这一事项适用法律时，应当优先适用《中华人民共和国节约能源法》。

（4）本案中，A市节能行政主管部门依据《中华人民共和国节约能源法》第十七条和第七十一条规定，对某玻璃制品企业正在使用的型号为S7－800/10、S7－315/10国家明令淘汰型的变压器依法予以没收，是正确的。

（5）如果对A市节能行政主管部门提起行政诉讼，将面临败诉的不利后果。

所以，对企业一些领导的建议不应予以支持。

2. 答：建议公司立即停止建设，拟定改造实施方案，在整改期限内完成改造。因为：

（1）《中华人民共和国节约能源法》第十五条规定："国家实行固定资产投资项目节能评估和审查制度。不符合强制性节能标准的项目，依法负责项目审批或者核准的机关不得批准或者核准建设；建设单位不得开工建设；已经建成的，不得投入生产、使用。"第六十八条第二款规定："固定资产投资项目建设单位开工建设不符合强制性节能标准的项目或者将该项目投入生产、使用的，由管理节能工作的部门责令停止建设或者停止生产、使用，限期改造；不能改造或者逾期不改造的生产性项目，由管理节能工作的部门报请本级人民政府按照国务院规定的权限责令关闭。"

（2）本案中，该建筑陶瓷有限公司违规开工建设不符合强制性节能标准的项目，明显违反了《中华人民共和国节约能源法》第十五条的规定，应当立即停止建设，在限期改造期限内完成改造；若逾期不改造，则由A市节能行政主管部门报本级人民政府依法责令关闭。

3. 答：(1) B市节能行政主管部门下达《限期整改通知书》与某水泥股份有限公司按要求整改的做法是正确的。

(2)《节约能源法》第十六条规定："生产过程中耗能高的产品的生产单位，应当执行单位产品能耗限额标准。对超过单位产品能耗限额标准用能的生产单位，由管理节能工作的部门按照国务院规定的权限责令限期治理。"

第四节 合理使用与节约能源

一、单选题

1. B 2. B 3. A 4. D 5. D 6. D 7. C 8. D 9. D 10. B 11. D 12. C 13. D 14. C 15. D 16. B 17. D 18. D 19. D

二、多选题

1. ABC 2. ABD 3. ABCD 4. ACD 5. ABCD 6. ABC 7. ABC 8. ABC

三、判断题

1. × 2. × 3. √ 4. √ 5. √ 6. × 7. √

四、案例题

1. 答：(1)《中华人民共和国节约能源法》(以下简称《节约能源法》)第五十二条规定："国家加强对重点用能单位的节能管理。下列用能单位为重点用能单位：(一)年综合能源消费总量一万吨标准煤以上的用能单位；(二)国务院有关部门或者省、自治区、直辖市人民政府管理节能工作的部门指定的年综合能源消费总量五千吨以上不满一万吨标准煤的用能单位。"

(2) 该案中，某化有限公司年综合能耗1.6万tce，属于法律明确规定的重点用能单位。

(3)《节约能源法》第五十三条规定："重点用能单位应当每年向管理节能工作的部门报送上年度的能源利用状况报告。能源利用状况包括能源消费情况、能源利用效率、节能目标完成情况和节能效益分析、节能措施等内容。"该条明确了重点用能单位报送能源利用状况报告的义务、报送频率、形式及主要内容。同时，《节约能源法》第八十二条又规定："重点用能单位未按照本法规定报送能源利用状况报告的，由管理节能工作的部门责令限期改正；逾期不改正的，处一万元以上五万元以下罚款。"其中"本法规定"即第五十三条规定的时间与内容。

(4) 本案中，某化工有限公司第一次未按时上报，经限期后整改，第二次未按规定的内容报送，经限期未整改，因此，应按照《节约能源法》第八十二条规定进行处罚。

(5) 该案表明，重点用能单位不但要报送能源利用状况报告，而且要按时、按要求报送，否则将会承担不利的法律后果。

(6)《行政处罚法》第五十一条规定："当事人逾期不履行行政处罚决定的，作出行政处罚决定的行政机关可以采取下列措施：(一)到期不缴纳罚款的，每日按罚款数额的百分之三加处罚款；(二)根据法律规定，将查封、扣押的财物拍卖或者将冻结的存款划拨抵缴罚款；（三）申请人民法院强制执行。”本案中，某化有限公司在接到处罚决定书后，在法定期限内既未申请行政复议，也未提起行政诉讼，但拒不履行该处罚决定，所以，A市节能行政主管部门申请人民法院强制执行是正确的。

2. 答：(1)《节约能源法》第十条第二款规定：“县级以上地方各级人民政府管理节能工作的部门负责本行政区域内的节能监督管理工作。”因此，A市节能行政主管部门即管理节能工作的部门，依法享有监管职权，执法主体适格。

(2)《节约能源法》第五十三条规定：“重点用能单位每年向管理节能工作部门报送上年度的能源利用状况报告。能源利用状况包括能源消费情况．能源利用效率．节能目标完成情况和节能效益分析．节能措施等内容。”该条明确规定了重点用能单位上报能源利用状况报告的频率．形式及主要内容。

(3)《节约能源法》第五十四条规定：“管理节能工作的部门应当对重点用能单位报送的能源利用状况报告进行审查。对节能管理制度不健全、节能措施不落实、能源利用效率低的重点用能单位，管理节能工作的部门应当开展现场调查，组织实施用能设备能源效率检测，责令实施能源审计，并提出书面整改要求，限期整改。”该条规定了管理节能工作的部门应对能源利用状况报告内容的真实性、准确性进行审查，发现问题有权采取进一步措施。

(4)《节约能源法》第八十二条规定：“重点用能单位未按照本法规定报送能源利用状况报告或者报告内容不实的，由管理节能工作的部门责令限期改正；逾期不改正的，处一万元以上五万元以下罚款。”

(5) 本案中，某化工有限公司在报送的能源利用状况报告中虚报产量、瞒报能源消耗量，属于《节约能源法》第八十二条规定的“报告内容不实”的情形，节能行政主管部门有权依法责令其限期整改，逾期不改正的，有权对其进行行政处罚。

(6) 重点用能单位必须严格按照节约能源法律要求，真实、准确地报送本单位能源利用状况报告，否则，将承担不利的法律后果。

(7) 综合以上分析，A市节能行政主管部门依法对该公司予以行政处罚决是正确的。

3. 答：同意C经理的意见。因为：

(1)《节约能源法》第五十二条规定：年综合能源消费总量1万 tce以上的用能单位为法定重点用能单位，无需政府文件公布。本案中，造纸公司年综合能耗1.4万 tce，属于法定重点用能单位。因此，A科长的观点是错误的。

(2)《节约能源法》第五十五条规定：重点用能单位应当设立能源管理岗位，聘任能源管理负责人，并规定了能源管理负责人的法定条件、职责。未依法设立能源管理岗位、聘任能源管理负责人的行为包括：未设立能源管理岗位、聘任的能源管理负责人不符合法定条件之一（节能专业知识、实际经验、中级以上技术职称）、设立能源管理岗位及聘任能源管理负责人未到管理节能工作部门及有关部门备案、能源管理负责人未取得或未具体落实法定职责、能源管理负责人未经过节能培训。因此，B经理“只要设立能源管理岗位、聘任能源管理负责人即可”的观点是片面的。虽然该公司最终聘任了能源管理负责人，但其聘任的能源管理负责人不符合法定条件是不行的。《节约能源法》第八十四条规定："重点用能单位未按照本法规定设立能源管理岗位，聘任能源管理负责人，并报管理节能工作的部门和有关部门备案的，由管理节能工作的部门责令改正；拒不改正的，处一万元以上三万元以下罚款。"

（3）所以C经理的意见是正确的。

第五节 节能相关法律

一、单选题

1. B 2. C 3. A 4. C 5. D 6. D

二、多选题

1. ABCD 2. ABC 3. ACD

三、判断题

1. √ 2. √ 3. √ 4. ×

第三章 节能法规

第一节 民用建筑节能条例

一、单选题

1. C 2. C 3. B 4. C 5. D 6. B 7. D 8. D 9. B 10. C

二、多选题

1. AC 2. CD 3. ABCD 4. ABCD

三、判断题

1. × 2. √ 3. × 4. ×

第二节 公共机构节能条例

一、单选题

1. B 2. D 3. D 4. A 5. D

二、多选题

1. ABCD 2. ABCD 3. ABCD 4. ACD

第三节 山东省节能条例

一、单选题

1. C 2. C 3. D 4. D 5. A 6. A 7. C 8. D 9. C 10. D 11. C 12. A 13. C 14. A 15. C

二、多选题

1. ABD 2. ACD 3. ABCD 4. ABCD 5. ABCD 6. ABC 7. ABCD 8. ABC

三、简答题

1. 答：新建、改建、扩建工业固定资产投资项目，建设单位应当按照国家规定进行节能评估，并按项目管理权限报节能行政主管部门审查。

节能行政主管部门应当自收到节能评估报告之日起二十日内出具节能审查文件。未经节能评估审查或者经审查未通过的工业固定资产投资项目，有关投资主管部门不得批准、核准或者备案；建设单位不得开工建设。

工业固定资产投资项目建成后，应当经节能验收。未经节能验收或者验收不合格的，不得投入生产、使用。

其他领域固定资产投资项目的节能评估和审查，按照国家有关规定执行。

违反本条例规定，建设单位开工建设未经节能评估审查或者经审查未通过的工业固定资产投资项目，或者将未经节能验收或者验收不合格的项目投入生产、使用的，由节能行政主管部门责令停止建设或者停止生产、使用，限期改造；不能改造或者逾期不改造的项目，由节能行政主管部门报请本级人民政府按照规定的权限责令关闭。

2. 答：有下列情形之一的工业固定资产投资项目，不得审查通过：

(1) 使用国家和省明令淘汰的生产工艺、用能设备的；

(2) 用能设备不符合强制性能源效率标准的；

(3) 产品不符合单位产品能耗限额标准的；

(4) 不符合国家和省规定的其他节能要求的。

3. 答：(1) 对主要耗能行业的单位产品能耗实行预警调控制度。

(2) 省节能行政主管部门应当会同有关部门根据产业发展水平，制定主要耗能行业单位产品能耗预警控制线。

(3) 超出预警控制线的，生产单位应当在规定的期限内采取措施，降低能耗；逾期仍超出预警控制线的，可以对生产单位采取调控措施。

4. 答：(1) 工业固定资产投资项目节能审查主体是节能行政主管部门。

(2) 节能行政主管部门应当自收到节能评估报告之日起 20 日内出具节能审查文件。未经节能评估审查或者经审查未通过的工业固定资产投资项目，有关投资主管部门不得批准、核准或者备案；建设单位不得开工建设。

(3) 工业固定资产投资项目建成后，应当经节能验收。未经节能验收或者验收不合格的，不得投入生产、使用。其他领域固定资产投资项目的节能评估和审查，按照国家有关规定执行。

第四章 节 能 规 章

第一节 重点用能单位节能管理办法

单选题

1. D　2. D

第二节　公路水路交通实施节能法办法

一、单选题

1. C　2. D

二、判断题

√

第三节　道路运输车辆燃料消耗量检测和监督管理办法

一、单选题

1. D　2. D

二、多选题

ABC

第四节　高耗能特种设备节能监督管理办法

一、单选题

1. B　2. C

二、多选题

ACD

三、判断题

√

第五节　中央企业节能减排监督管理暂行办法

一、单选题

A

二、多选题

1. ABCD　2. ABCD

三、判断题

×

第六节　固定资产投资项目节能评估和审查暂行办法

一、单选题

1. D　2. A

二、多选题

ABD

三、判断题

×

第七节　能源效率标识管理办法

一、单选题

1. D　2. A　3. B　4. A

二、多选题

1. ABCDE　2. ABCD　3. ABCD　4. AD

第八节　山东省节能监察办法

一、单选题

1. A　2. A

二、多选题

ABD

三、判断题

1. √　2. √

第九节　山东省公共机构节能管理办法

一、单选题

1. C　2. C

二、多选题

ABC

三、判断题

√

第五章　节 能 标 准

第一节　节能标准化概述

单选题

C

第二节　通 用 节 能 标 准

一、单选题

1. A　2. C　3. B　4. D　5. C　6. D

二、多选题

1. ACD 2. ABCD 3. BCD 4. ABD 5. ABD 6. ABC

三、判断题

1. √ 2. × 3. √ 4. √

第三节 能耗限额类标准

一、单选题

1. D 2. B 3. D 4. C

二、多选题

1. ABC 2. ABCD

三、判断题

1. √ 2. √

四、分析题

答：(1) 国家产品能耗限额标准单位产品综合能耗分为先进值、准入值和限定值是非常科学的划分，3个指标的规定有利于节能降耗。

(2) 先进值代表企业产品能耗的最优水平，表明企业的产品能耗水平在行业中的地位。

(3) 准入值是新建、扩建项目必须达到的标准，预测企业产品能耗高于该指标，就不能获得批准建设。

(4) 限定值是现有的生产企业产品能耗指标高于该指标将不能允许进行生产。

第四节 合理用热标准

一、单选题

1. A 2. D 3. A 4. C 5. A 6. B 7. C 8. D 9. A 10. D 11. C 12. D 13. D 14. D 15. B 16. B 17. C 18. C 19. C 20. B

二、多选题

1. ABC 2. AB 3. ABD 4. ABCD 5. ABCD 6. AB 7. ABC 8. ABCD 9. BCD 10. ABC

三、判断题

1. √ 2. × 3. √ 4. √ 5. √ 6. × 7. × 8. × 9. × 10. √

四、分析题

1. 答：GB/T 17954—2007《工业锅炉经济运行》中对工业锅炉运行负荷作出规定：

(1) 工业锅炉运行中，当负荷变化时，应注意监视锅炉运行情况，并及时进行调整。燃煤锅炉运行负荷不宜经常或长时间低于额定负荷的80%，燃油、气锅炉运行负荷不宜经常或长时间低于额定负荷的60%。

(2) 工业锅炉不应超负荷运行。

锅炉长期超负荷运行，对锅炉的使用寿命和能耗都有较大的影响。

2. 答：固体不完全燃烧热损失的影响因素主要有：

(1) 锅炉的结构：应选用高效节能型锅炉结构。

(2) 锅炉的容量：根据实际需要，选择合适的锅炉容量。

(3) 燃烧的煤种：根据锅炉型号和当地实际情况，选用合适的煤种。

(4) 燃料燃烧的方式：在燃烧过程中选用适当的燃料燃烧方式。

(5) 工人的操作水平等有关：加强操作人员的理论学习和业务培训，提高工人的操作水平。

第五节 热电联产标准

一、单选题

1.C 2.B 3.A 4.D 5.D 6.B 7.A 8.D 9.B

二、多选题

1.ABCD 2.ABCD 3.ABC 4.ABCD 5.ABC 6.BCD 7.ABD 8.AD 9.ABCD

三、判断题

1.√ 2.√ 3.× 4.√ 5.× 6.√ 7.√

四、计算题

1. 解：根据热效率为：$\eta = \dfrac{Q + W \times 3\,600}{\sum_{i=1}^{n} B_i \times (Q_{\text{net,ar}})_i} \times 100\,\%$

热电比为：$\beta = \dfrac{Q}{W \times 3\,600} \times 100\%$

已知：外供热量：$Q = 160\,928.8 \times 1\,000 \times 3\,015 = 4.85 \times 10^{11}$ (kJ)

进汽轮机用煤量：$B = 196\,914 \times 1\,182\,474 / 1\,385\,930 = 168\,006.8$ (t)

热效率：$\eta = \dfrac{Q + W \times 3\,600}{\sum_{i=1}^{n} B_i \times (Q_{\text{net,ar}})_i} \times 100\% = (4.85 \times 10^{11} + 20\,454.8 \times 10\,000 \times 3\,600) \times 100 / (168\,006.8 \times 1\,000 \times 21\,020)$

$= 34.59\,\%$

热电比：$\beta = \dfrac{Q}{W \times 3\,600} \times 100\% = 4.85 \times 10^{11} \times 100 / 20\,454.8 \times 10\,000 \times 3\,600$

$= 65.89\%$

该机组认定为热电联产机组的条件是：总热效率年平均大于45%，热电比年平均大于100%。

答：该机组运行方式不是热电联产机组，属小火电。

2. 解：热效率为：$\eta = \dfrac{Q + W \times 3\ 600}{\sum_{i=1}^{n} B_i \times (Q_{\text{net,ar}})_i} \times 100\ \%$

热电比为：$\beta = \dfrac{Q}{W \times 3\ 600} \times 100\%$

已知：外供热量：$Q = 81\ 572.6 \times 1\ 000 \times 3\ 057 + 5\ 464\ 800\ 000 \times (260 - 197)$

$= 5.94 \times 10^{11}$ (kJ)

进汽轮机用煤量：$B = 79\ 937.9$ (t)

热效率：$\eta = \dfrac{Q + W \times 3\ 600}{\sum_{i=1}^{n} B_i \times (Q_{\text{net,ar}})_i} \times 100\%$

$= (5.94 \times 10^{11} + 7\ 277.8 \times 10\ 000 \times 3\ 600) \times 100/(79\ 937.9 \times 1\ 000 \times 22\ 762)$

$= 47.04\ \%$

热电比：$\beta = \dfrac{Q}{W \times 3\ 600} \times 100\% = 5.94 \times 10^{11} \times 100/7\ 277.8 \times 10\ 000 \times 3\ 600$

$= 226.6\%$

答：该企业机组是按热电联产机组运行的，能达到热电联产经济运行的三级要求。

五、分析题

答：(1) 热电联产机组应按有关标准进行入炉燃料的计量和化验分析，分炉计量，数据记录应准确完整。

(2) 热电联产机组应对厂用电量与供电量、自用汽量与供汽量进行明确区分，应分机组进行新蒸汽、外供蒸汽和供电量的计量。计量器具的准确度应符合 GB 17167—2006 要求。

第六节 合理用电标准

一、单选题

1. B 2. D 3. C 4. C 5. B 6. B 7. A 8. D 9. A 10. B 11. C 12. A 13. C 14. D 15. B 16. A 17. C

二、多选题

1. ABC 2. ABCD 3. CD 4. BCD 5. BCD 6. AB 7. ACD 8. AC 9. AC

三、判断题

1. √ 2. √ 3. × 4. √ 5. × 6. √ 7. √

四、分析题

答：电动机功率选择，应根据负载特性和运行要求合理选择，使电动机工作在经济运行范围内。

第六章　节能政策

第一节　节能政策概述

一、单选题

1. A　2. D

二、多选题

ABCDE

三、判断题

1. √　2. √

第二节　国家节能政策

一、单选题

1. C　2. B　3. D　4. B　5. C　6. C　7. A　8. A　9. C　10. A

二、多选题

1. ABCD　2. ABCD

三、判断题

1. √　2. √　3. √　4. √　5. ×

第三节　山东省节能政策

一、单选题

1. B　2. C　3. B　4. C　5. C　6. B　7. A

二、多选题

1. ABC　2. ABCD　3. ABC　4. ABCD　5. ABCD　6. ABCD

三、判断题

1. √　2. √　3. ×　4. ×

第七章　节能行政执法

第一节　节能行政执法概述

一、单选题

1. C　2. D

二、多选题

ABCD

三、判断题

√

第二节 节能行政执法主体

一、单选题

B

二、多选题

AB

三、判断题

×

四、分析题

答：(1) 山东省设区的市节能监察机构是节能行政执法主体。

(2)《山东省节约能源条例》规定“省、设区的市节能监察机构依照本条例规定具体实施日常的节能监察工作。”这就使设区的市节能监察机构成为法规授权的组织，能够以自己的名义从事节能行政执法活动，能够独立承担由此产生的法律后果，成为节能行政执法主体。

第三节 节能行政执法内容

一、多选题

ABCD

二、判断题

√

第四节 节能行政处罚

一、单选题

1. D 2. D

二、多选题

ABCD

三、判断题

1. √ 2. ×

四、分析题

答：1. 处罚之前可以保障相对人合法权益的手段有：

(1) 告知：做出节能行政处罚决定之前，应当告知当事人做出处罚决定的事实、理由、依据、处罚内容以及依法享有的权利。

(2) 听取陈述申辩：节能行政执法主体必须充分听取相对人的意见，事实、理由或证据成立的，应当采纳。不得因相对人的申辩而加重处罚。

（3）听证：符合法定条件的，应当告知当事人有要求听证的权利。相对人要求听证的，节能行政执法主体应当组织听证。

2. 相对人对行政处罚不服的，有权依法申请行政复议或者提起行政诉讼。因行政机关违法给予行政处罚受到损害的，有权依法提出赔偿要求。

五、案例题

答：（1）根据国家规定的淘汰目录，S7－30/6 非国家明令淘汰用能设备。

（2）监察人员张某一人调查询问是错误的。

（3）节能监察机构为法规部分授权的机构，无权以自己的名义下达处罚决定书。

（4）依据节能法规定，节能行政主管部门仅对正在使用国家明令淘汰用能设备的行为有处罚权，本案中该企业为生产，故应移交质监部门。

（5）节能监察机构未告知企业举行听证或陈述申辩的权利，属于程序错误。

第五节　法律救济途径

一、单选题

1. C　2. A　3. D　4. A　5. C

二、多选题

1. ABC　2. ABCD

三、判断题

1. √　2. ×